Basiswissen Bürgerliches Recht

Bibliografische Information der Deutschen Nationalbibliothek: Die Deutsche Nationalbibliothek verzeichnet diese Publikation in der Deutschen Nationalbibliografie; detaillierte bibliografische Daten sind im Internet abrufbar.

© 2020 Markus Ort
Herstellung und Verlag: BoD-Books on Demand, Nordersted

ISBN: 9783752820447

Basiswissen Bürgerliches Recht

Grundlagenwissen zu BGB Allgemeiner Teil, Schuldrecht und Sachenrecht

Markus Ort

Vorwort

Seit 2018 bin ich nunmehr als Dozent für Bürgerliches Recht, allgemeine Rechtskunde und Verwaltungsbetriebswirtschaft in der Ausbildung von Verwaltungsfachangestellten, Verwaltungsbeamten und Verwaltungsfachkräften sowie der Fortbildung zum Verwaltungsfachwirt tätig.

In dieser Funktion stelle ich regelmäßig fest, wie wichtig es für die Teilnehmer ist, ein kompaktes Skript zum schnellen Nachschlagen der wesentlichen Inhalte zu haben.

Entsprechend war es mein Ziel, mit dem vorliegenden Buch all jenen, die sich ohne größere Vorkenntnisse mit dem Bürgerlichen Gesetzbuch (BGB) vertraut machen wollen, ein entsprechendes Handbuch für den schnellen Einstieg an die Hand zu geben.

Bei der Lektüre wünsche ich einen guten Lernerfolg und viel Spaß.

Markus Ort

06.12.2020

Inhaltsverzeichnis

Abkürzungsverzeichnis

Abs. = Absatz

BGB = Bürgerliches Gesetzbuch

Nr. = Nummer

1 Einleitung

In Deutschland findet sich wohl kaum ein Gesetz im Privatrecht, mit welchem wir so oft in Berührung kommen, wie mit dem BGB.

Nicht umsonst wird in den meisten Berufsbildern zumindest ein kleiner Einstieg in dieses dort geregelte Rechtsgebiet vermittelt.

Dieses Buch setzt sich zum Ziel, einen kompakten ersten Einstieg oder eine kleine Wiederholung der relevanten Kenntnisse und Grundlagen des bürgerlichen Rechts zu vermitteln. Es richtet sich dabei insbesondere an diejenigen, die im Rahmen ihrer Aus- und Fortbildung mit dem BGB zu tun haben oder die in einem nicht-juristischen Studium Kenntnisse des BGB erlangen wollen.

Hierzu werden in den einzelnen Kapiteln dieses Buches[1]
die folgenden Themen untersucht und dargestellt:

Kapitel 2 stellt wesentliche Grundlagen des bürgerlichen
Rechts dar.

Kapitel 3 zeigt, wie Rechtsgeschäfte geschlossen werden.

Kapitel 4 stellt die Nichtigkeitsgründe für Rechtsgeschäfte
vor.

Kapitel 5 erläutert, wie jemand für einen anderen rechts-
wirksam Verträge schließen und andere Rechtsgeschäfte
eingehen kann.

Kapitel 6 gibt eine Einführung in das Schuldrecht und
stellt die wesentlichen Vertragstypen vor.

Kapitel 7 gibt eine Einführung in das Sachenrecht und
stellt die wesentlichen dinglichen Rechte sowie deren Erwerb und deren Übertragung vor.

Kapitel 8 zeigt anhand des Kaufvertrags, welche Rechte
Käufern bei einem Mangel an der Kaufsache zustehen.

Kapitel 9 erörtert die weiteren möglichen Leistungsstörungen sowie die sich aus ihnen ergebenden Rechte.

---

[1] Nach dieser Einleitung in Kapitel 1.

Kapitel 10 stellt die gesetzlichen Herausgabeansprüche vor.

Kapitel 11 erklärt die deliktischen Schadensersatzansprüche.

Kapitel 12 zeigt auf, welche Fristen es gibt und wie diese berechnet werden. Daneben wird das Rechtsinstrument der Verjährung dargestellt.

Kapitel 13 beinhaltet das Schlusswort.

Die einzelnen Kapitel dieser Arbeit sind in sich geschlossen. Sie müssen daher nicht zwingend der Reihe nach gelesen werden. Soweit nötig, werden im Text selbst Verweisungen auf andere Kapitel vorgenommen.

Die zur Erstellung der Arbeit verwendete Literatur findet sich im Literatur- und Quellenverzeichnis. Für ein vertiefendes Studium des bürgerlichen Rechts wird auf die dort aufgeführten Werke verwiesen und ihre Lektüre empfohlen.

Hinweis: Diese Arbeit ist der besseren Lesbarkeit ausschließlich in der maskulinen Form geschrieben worden. Selbstredend beziehen sich die Formulierungen und Aussagen stets auf alle Geschlechter.

2 Grundlagenwissen

Bevor es ab Kapitel 3 mit den ersten Inhalten losgeht, soll an dieser Stelle das Grundlagenwissen vermittelt werden. Hierzu gehört es einerseits, den systematischen Aufbau des BGB vorzustellen, andererseits werden die Begriffe der Rechtspersonen (Rechtssubjekte) und der absoluten und relativen Rechte eingeführt. Daneben finden sich die grundlegenden Definitionen von Sachen, Tieren, Bestandteilen und Zubehör.

2.1 Aufbau des BGB in fünf Bücher

Das BGB ist wie folgt aufgebaut:

Buch	Paragra-fen	Wesentlicher Regelungs-inhalt
1. Buch: All-gemeiner Teil	§§ 1 – 240	Stellt Grundlagen auf, die für die Bücher 2 – 5 gelten
2. Buch: Schuldrecht	§§ 241 – 853	Verpflichtungsgeschäfte (Rechtsgeschäfte, die eine

		Leistungsverpflichtung begründen)
3. Buch: Sachenrecht	§§ 854 – 1296	Verfügungsgeschäfte (Rechtsgeschäfte, die der Erfüllung der Leistungsverpflichtung dienen) sowie dingliche Rechte
4. Buch: Familienrecht	§§ 1297 – 1921	Regelt die rechtliche Stellung der Familienmitglieder zueinander
5. Buch: Erbrecht	§§ 1922 – 2385	Rechtsnachfolge von Todes wegen

2.2 Rechtssubjekte und Rechtsfähigkeit

Um am Rechtsverkehr (als Berechtigter oder Verpflichteter) teilnehmen zu können muss man rechtsfähig sein.

Die Rechtsfähigkeit ist dabei definiert als die **Fähigkeit, Träger von Rechten und Pflichten** sein zu können. Diejenigen, die rechtsfähig sind, werden auch als Rechtssubjekte bezeichnet.

Bei den Rechtssubjekten ist zu unterscheiden zwischen den natürlichen Personen (das sind alle Menschen) und den juristischen Personen.

Juristische Personen werden differenziert nach ihrer jeweiligen Rechtsgrundlage. So gibt es einerseits die juristischen Personen **des Privatrechts**. Diese sind zum Beispiel der Verein (§ 21 ff. BGB), die Stiftung (§ 80 ff. BGB) oder auch Kapitalgesellschaften wie die Gesellschaft mit beschränkter Haftung (GmbHG) oder die Aktiengesellschaft (AktG).

Andererseits gibt es auch die juristischen Personen **des öffentlichen Rechts**. Diese lassen sich unterteilen in die Körperschaften (die dadurch gekennzeichnet sind, dass sie Mitglieder haben), die Anstalten (die dadurch gekennzeichnet sind, dass sie Benutzer haben) und die Stiftungen (die dadurch gekennzeichnet sind, dass sie Nutznießer haben).

Den Rechtssubjekten stehen die **Rechtsobjekte** gegen-
über. Generell kann festgehalten werden, dass alles was im
Rechtsverkehr auftaucht ohne Rechtssubjekt zu sein, ein
Rechtsobjekt (also ein Rechtsgegenstand ist). An einem
Rechtsobjekt bestehen also Rechte und Pflichten der
Rechtssubjekte.

2.3 Sachen, Bestandteile, Tiere und Zubehör

Als wesentliche Rechtsobjekte (Rechtsgegenstände) können Sachen und Tiere benannt werden. Sie werden daher
an dieser Stelle definiert.

Sachen sind alle körperlichen Gegenstände (§ 90 BGB).
Als körperliche Gegenstände können sie angefasst werden. Daher sind beispielsweise Rechte oder Lizenzen, For-
derungen und Luft keine Gegenstände im Sinne des BGB.
Sachen können unterschieden werden nach ihrer:

-   **Beweglichkeit** in Immobilien (Grundstücke) und Mo-
    bilien (alle sonstigen Gegenstände)

- **Vertretbarkeit** in vertretbare Sachen nach § 91 BGB (zum Beispiel Geld, weil es davon vieles gibt) und nicht vertretbaren Sachen (zum Beispiel dem Originalgemälde der Mona Lisa, welches es nur einmal gibt)

- **Verbrauchbarkeit** in verbrauchbare Sachen nach § 92 BGB (zum Beispiel Lebensmittel, welche durch Nutzung aufgebraucht werden) und Gebrauchssachen (zum Beispiel Kleidung, welche immer wieder be- und genutzt werden können)

Wesentliche Bestandteile sind Sachen, die mit einer anderen Sache untrennbar verbunden sind. Bei beweglichen Sachen definiert dies § 93 BGB (zum Beispiel Farbe eines Gemäldes auf der Leinwand).

Wesentliche Bestandteile an einem Grundstück finden sich geregelt in § 94 BGB (zum Beispiel Gebäude oder Baum auf einem Grundstück).

Gerade die Frage nach einem wesentlichen Bestandteil an einem Grundstück ist eigentumsrechtlich relevant. So ergibt sich aus § 946 BGB, dass derjenige der das Eigentum an einem Grundstück erwirbt, auch immer das Eigentum an dessen wesentlichen Bestandteilen erwirbt.

Zubehör nennt man nach § 97 BGB solche Sachen, die dem wirtschaftlichen Hauptzweck einer anderen Sache dienen. Dies wäre zum Beispiel die Einrichtung einer Gaststätte.

Tiere sind selbst zwar keine Sachen, werden allerdings im Rechtsverkehr wie solche behandelt (§ 90a BGB). Es findet hierbei allerdings die zum Schutz der Tiere erlassenen Gesetze Anwendung.

2.4 Absolute und relative Rechte (Ansprüche, Gestaltungsrechte)

Im Zivilrecht ist zu unterscheiden zwischen den absoluten und den relativen Rechten.

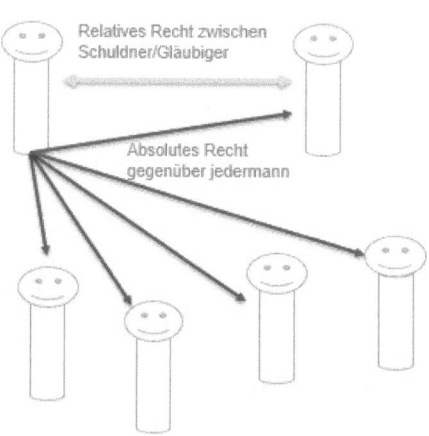

Die **absoluten Rechte** finden sich vor allem im dritten Buch BGB (dem Sachenrecht). Sie sind dadurch gekennzeichnet, dass sie der Berechtigte gegenüber jedermann geltend machen kann. Sie sind als Schutzrechte vor unbefugtem Eingriff gedacht.

Die **relativen Rechte** daneben gelten immer nur zwischen bestimmten Personen. Sie resultieren aus Schuldverhältnissen – entweder vertraglichen oder gesetzlichen.

Die relativen Rechte gibt es in den Ausprägungen des Anspruchs und des Gestaltungsrechts.

Ein **Anspruch** ist das Recht von einem anderen ein Tun oder Unterlassen verlangen zu können (§ 194 Abs. 1 BGB). Beispiele für einen Anspruch:

- Kaufpreiszahlung vom Käufer an den Verkäufer
- Herausgabe der geklauten Sache durch den Dieb an den Eigentümer

Ein **Gestaltungsrecht** ist ein subjektives Recht, durch das der Berechtigte einseitig ein Recht begründen, ändern oder aufheben kann. Beispiele für Gestaltungsrechte sind:

- Kündigung eines Vertrages
- Anfechtung einer unter widerrechtlicher Drohung abgegebenen Willenserklärung
- Minderung eines Kaufpreises bei einem mangelhaften Produkt
- Rücktritt von einem Vertrag
- Widerruf eines geschlossenen Vertrags.

3 Willenserklärung, Rechtsgeschäft, Vertrag

Bevor wir uns in Kapitel 5 konkrete Vertragstypen ansehen, wird in diesem Kapitel erklärt, was ein Vertrag überhaupt ist und wie er durch Willenserklärungen zustande kommt. Der Vertrag, der selbst ein Rechtsgeschäft darstellt, wird hierbei von anderen Rechtsgeschäften abgegrenzt.

3.1 Begriff Abgabe der Willenserklärung

Von einer **Willenserklärung** spricht man, wenn ein rechtlich erheblicher Wille vorliegt, der auf die Herbeiführung eines rechtlichen Erfolgs gerichtet geäußert wird. Der rechtliche Erfolg kann in der

- Begründung
- Änderung
- Beendigung

eines Rechtsverhältnisses liegen.

Der Wille selbst umfasst als subjektives Element drei Unterkategorien:

- **Handlungswille:** Er liegt nur vor, wenn der Handelnde überhaupt einen Willen zur Handlung hat. Er ist beispielsweise nicht gegeben im Zustand der Hypnose, bei Reflexhandlungen sowie bei Ticks.

- **Erklärungswille:** Er liegt nur vor, wenn der Erklärende sich bewusst ist, dass seine Erklärungshandlung rechtlich von Bedeutung (eben erheblich) ist. Winkt ein Kind bei einer Auktion einem Bekannten zu, weil es gar nicht weiß, dass bei einer Auktion das Arm heben als Angebotsabgabe gewertet wird, so fehlt ihm der Erklärungswille.

- **Erfolgswille:** Er liegt vor, wenn die Erklärung mit dem Ziel des Erreichens eines ganz konkreten rechtlichen Erfolgs abgegeben wird. Verschreibt sich beispielsweise ein Unternehmer bei der Angebotsabgabe, so erklärt er einen anderen Erfolg (zum Beispiel Preis von 10.000,00 €) als den zum Ziel gesetzten (zum Beispiel Preis von 100.000,00 € war gewollt).

Ohne Handlungs- und Erklärungswillen wird liegt nach herrschender Meinung keine Willenserklärung vor. Das Fehlen des Erfolgswillens beeinträchtigt die Wirksamkeit der Willenserklärung nicht, da diese notfalls durch Anfechtung beseitigt werden kann (vergleiche hierzu Kapitel 4.6).

Der subjektiv gebildete (und rechtlich erhebliche) Wille muss für eine wirksame **Willenserklärung** aber auch abgegeben (also geäußert) werden. Dies ist möglich, durch **mündliche oder schriftliche Äußerung** sowie durch schlüssiges (so genanntes konkludentes) Handeln. **Konkludentes Handeln** wäre beispielsweise bei einem Handschlag gegeben. Auch eine Erklärung durch Nutzung elektronischer Medien ist zulässig.

Wichtig: **Schweigen** ist regelmäßig **keine Willenserklärung** und kann daher weder als Zustimmung noch als Ablehnung gewertet werden. Es gibt allerdings Ausnahmen wie das kaufmännische Bestätigungsschreiben bei den Kaufleuten. Daneben wird beispielsweise nach § 516 Abs. 2 Satz 2 BGB bei einer Schenkung angenommen, dass diese angenommen wurde. Hat Schweigen eine Bedeutung, so ist dies ausdrücklich rechtlich geregelt.

3.2 Begriff des Rechtsgeschäfts

Unter einem **Rechtsgeschäft** wird ein bestimmter Tatbestand verstanden, welcher zu einer bestimmten Rechtsfolge führt und aus einer oder mehreren Willenserklärungen bestehen kann.

Reicht für die Herbeiführung der Rechtsfolge eine einzige Willenserklärung aus, so spricht man von **einseitigen Rechtsgeschäften**. Die einseitigen Rechtsgeschäfte werden unterteilt in:

- **Empfangsbedürftige Rechtsgeschäfte:** Muss die Willenserklärung einem anderen zugehen, um die Rechtsfolge herbeizuführen, so ist es ein (einseitiges) empfangsbedürftiges Rechtsgeschäft (zum Beispiel bei Ausspruch einer Kündigung).

- **Nicht-Empfangsbedürftige Rechtsgeschäfte:** Muss die Willenserklärung hingegen nicht zugehen (zum Beispiel bei der Errichtung eines Testaments), so handelt es sich um ein (einseitiges) nicht empfangsbedürftiges Rechtsgeschäft.

Müssen für die Herbeiführung der Rechtsfolge mehrere Willenserklärungen vorliegen, so spricht man von **mehrseitigen Rechtsgeschäften**. Die mehrseitigen Rechtsgeschäfte werden unterteilt in:

- **Beschluss:** Hier muss lediglich die Mehrheit der abgegebenen Willenserklärungen kongruent sein (zum Beispiel Entlastung der Vorstandschaft eines Vereins).

- **Vertrag:** Hier müssen die Willenserklärungen deckungsgleich (kongruent) sein (zum Beispiel Antrag und Annahme bei Abschluss eines Kaufvertrages).

3.3 Wirksamkeit der Willenserklärung

Eine Willenserklärung bindet den Erklärenden nur dann, wenn sie bereits wirksam geworden ist. Es stellt sich daher die Frage, wann (in zeitlicher Hinsicht) eine Willenserklärung wirksam wird.

Sie wird, wenn es sich um eine empfangsbedürftige Willenserklärung handelt, nach § 130 Abs. 1 Satz 1 BGB mit dem Zugang bei demjenigen, gegenüber dem sie gelten soll, wirksam.

Der Zugang ist bei Willenserklärungen notwendig, die **unter Abwesenden** (zum Beispiel per Brief) abgegeben werden.

Zugang bedeutet dabei, dass die abgegebene Willenserklärung derart in den Machtbereich des anderen (des Empfängers) gelangt, dass dieser unter gewöhnlichen Umständen die Möglichkeit der Kenntnisnahme hat. Auf die tatsächliche Kenntnisnahme kommt es dabei nicht an.

In den Machtbereich des Empfängers gelangt die Willenserklärung beispielsweise durch:

- Hinterlassen einer Nachricht auf dem Anrufbeantworter,
- Eingang einer E-Mail in seinem Posteingang oder
- Einwurf eines Briefes in seinem Briefkasten.

Da es aber für den Zugang noch auf **die Möglichkeit der Kenntnisnahme unter gewöhnlichen Umständen** ankommt, stellt sich die Frage, wann üblicherweise (je nach Übermittlungsweg der Willenserklärung) mit der Kenntnisnahme gerechnet werden kann. So wird beispielsweise bei einem Briefeinwurf mitten in der Nacht erst am nächsten Tag mit der Kenntnisnahme zu rechnen sein. Bei einem E-Mail-Eingang außerhalb der Öffnungszeiten eines Geschäfts wird sich die Kenntnisnahme wohl auch auf den nächsten Arbeitstag verschieben.

Da auf die **Kenntnisnahme unter normalen Umständen** abgestellt wird, ist es unerheblich, wenn der Empfänger der Willenserklärung krank, inhaftiert oder verreist ist und daher eine tatsächliche Kenntnisnahme nicht gegeben ist.

Eine **Willenserklärung** unter Abwesenden kann allerdings nach § 130 Abs. 1 Satz 2 BGB noch vor dem Zugang oder spätestens zeitgleich mit diesem beim Empfänger durch den Erklärenden **widerrufen** werden. Hierzu muss der Widerruf spätestens zeitgleich mit der ursprünglichen Willenserklärung zugehen. Auch hier kommt es dann nur noch auf den Zeitpunkt der möglichen und nicht der tatsächlichen Kenntnisnahme an. Der Widerruf verhindert das Wirksamwerden der widerrufenen Willenserklärung.

Bei Willenserklärungen unter Anwesenden, werden die Willenserklärung unmittelbar dann wirksam, wenn derjenige, an den die Willenserklärung gerichtet war, diese vernimmt.

3.4 Widerrufsrecht des Verbrauchers (zum Beispiel beim Fernabsatzvertrag)

Verbraucher ist nach § 13 BGB jede natürliche Person, die ein Rechtsgeschäft zu einem Zweck abschließt, der überwiegend weder ihrer gewerblichen noch selbständigen beruflichen Tätigkeit zugerechnet werden kann.

Ein **Unternehmen** nach § 14 BGB ist hingegen jede (natürliche oder juristische) Person, die ein Rechtsgeschäft in Ausübung ihrer gewerblichen oder selbständigen beruflichen Tätigkeit abschließt.

Wird ein Vertrag unter ausschließlicher Nutzung von Fernkommunikationsmedien – Brief, Telefon, e-Mail, Telefon, Fax, SMS, Katalog etc. – abgeschlossen, so liegt ein

Fernabsatzvertrag vor (§ 312c BGB). Da der Verbraucher bei einem solchen Vertragsschluss weder die Ware unmittelbar in Augenschein nehmen noch den Unternehmer persönlich kennen lernen kann, ist er hier besonders schutzwürdig. Für Fernabsatzverträge gilt gemäß § 312g Abs. 1 BGB das Widerrufsrecht nach § 355 BGB. Demzufolge kann ein Verbraucher von einem solchen Fernabsatzvertrag innerhalb einer Frist von 14 Tagen ab Vertragsschluss (§ 355 Abs. 2 BGB) – ohne Angabe eines Grundes – gegenüber dem Unternehmer (§ 355 Abs. 1 Satz 3 und 5 BGB) den Widerruf erklären.

Durch einen wirksamen Widerruf ist der Verbraucher an seine (auf den Abschluss des Vertrages gerichtete) Willenserklärung nicht mehr gebunden.

3.5 Auslegung von Willenserklärungen

Häufig kommt es vor, dass Willenserklärungen abgegeben werden, bei denen das eigentlich Gewollte nicht zur tatsächlich vorgenommenen Erklärung passt.

So kommt es beispielsweise vor, dass jemand erklärt von einem Vertrag zurücktreten oder diesen widerrufen zu wollen, wenn er (rechtlich korrekt) eigentlich vom Anfechtungsrecht Gebrauch machen möchte.

Es ist daher zu nach § 133 BGB bei Willenserklärungen immer zu erforschen, was der Erklärende wirklich will. Folglich ist es falsch, die Erklärungen immer einfach nur wörtlich zu verstehen und zu interpretieren. Die Erforschung des eigentlich Gewollten, nennt man **Auslegung**.

Diese Auslegung ist auch dann vorzunehmen, wenn fraglich ist, ob überhaupt eine Willenserklärung vorliegt.

Gängiges Anwendungsbeispiel ist eine im Schaufenster eines Ladens ausgestellte und mit Preis ausgezeichnete Ware. Hier ist fraglich, ob der Händler bereits ein verbindliches Angebot (gerichtet auf einen Kaufvertragsabschluss) abgibt.

Dies wird regelmäßig zu verneinen sein, da der Händler nicht an jede beliebige Person als potenziellen Vertragspartner gebunden sein möchte. Hier wird eine Auslegung also regelmäßig dazu führen, dass eine **solche Anpreisung der Ware lediglich als Aufforderung an die Allgemeinheit zur Abgabe eines Kaufangebots** an den Händler zu verstehen ist, da diesem noch der Rechtsbindungswille fehlt.

3.6 Vertragsschluss (Antrag und Annahme, Annahmefrist, verspätete und abändernde Annahme, Einigungsmängel, Auslegung)

Ein Vertrag kommt zustande, wenn (mindestens) **zwei inhaltlich übereinstimmende** mit Bezug aufeinander sowie mit Rechtsbindungswillen abgegebene (so genannte kongruente) **Willenserklärungen** vorliegen.

Die erste wird nach § 145 BGB **Antrag** (oder Angebot) genannt. Ein Angebot liegt nur dann vor, wenn alle we-

sentlichen Vertragsbestandteile (beispielweise beim Kaufvertrag sind dies die Kaufsache, der Kaufpreis sowie die
Vertragspartner als Käufer und Verkäufer) soweit geregelt
sind, dass die andere Vertragspartei durch ein bloßes „Ja"
annehmen kann.

Der Antragende ist nach § 146 BGB nur an sein Angebot
gebunden, bis es ihm gegenüber abgelehnt oder nicht frist-
gerecht angenommen wird.

Die zweite Willenserklärung ist die **Annahme** nach § 147
BGB. Sie stellt das vorbehaltlose „Ja" zu einem Angebot
dar.

Es gibt auch Fallkonstellationen, bei denen der Anneh-
mende zwar „Ja" sagt, aber das Angebot mit seiner Annahme **abändert**. Dann liegt eine Ablehnung des Ange-
bots durch inhaltliche Erweiterung und Abänderung vor,
die nach § 150 Abs. 2 BGB ein **neues Angebot** darstellt.

Dieses kann nun durch den ursprünglich Antragenden angenommen oder wiederum abgelehnt (und hierbei gegebenenfalls erweitert oder abgeändert) werden.

Ein wirksames Angebot kann nur innerhalb der **Annahmefrist** angenommen werden. Eine solche kann der Antragende nach § 148 BGB frei bestimmen. Wenn eine Annahmefrist nicht bestimmt wird, so muss unterschieden werden, ob das Angebot unter An- oder Abwesenden gemacht wurde.

Nach § 147 Abs. 1 Satz 1 BGB kann ein Angebot **unter Anwesenden nur sofort** angenommen werden. Dies gilt nach § 147 Abs. 1 Satz 2 BGB auch bei Telefonaten. **Unter Abwesenden** kann es nach § 147 Abs. 2 BGB nur so lange angenommen werden, wie der Antragende **unter regelmäßigen Umständen mit einer Antwort** rechnen darf.

Liegen ein wirksames Angebot und eine rechtzeitige wirksame Annahme vor, so kommt ein Vertrag zustande.

Wird ein Angebot zu spät angenommen, gilt es nach § 150 Abs. 1 BGB als neuer Antrag.

Haben beide Parteien eine Willenserklärung abgegeben, ohne sich dabei inhaltlich geeinigt zu haben, so liegt ein Einigungsmangel (so genannter **Dissens**) vor.

Sind sich beide darüber im Klaren, dass sie sich nicht geeinigt haben, liegt ein **offener Dissens** vor. Es gibt also nach § 154 Abs. 1 Satz 1 BGB im Zweifel noch keinen Vertrag.

Glauben beide Parteien fälschlicherweise, dass sie sich über alles geeinigt haben, so liegt ein **versteckter Dissens** vor. Nach § 155 BGB gibt es im Zweifel einen Vertrag zwischen ihnen.

Ist nach dem Vertragsschluss nicht klar, was die Vertragsparteien regeln wollten, weil sie eine unklare Formulierung gewählt haben, so ist der Vertrag gemäß § 157 BGB auszulegen. Hierbei ist auf die Verkehrssitte sowie den Grundsatz von Treu und Glauben Rücksicht zu nehmen.

3.7 Vertragsfreiheit: Freiheit „ob", „mit wem" und „zu welchen Konditionen"

Um ein rechtsgeschäftliches Schuldverhältnis zu begründen, bedarf es nach § 311 Abs. 1 BGB eines Vertrages. Bezüglich des Vertragsabschlusses bestehen verschiedene Freiheiten.

- **Abschlussfreiheit:** Es steht generell jedem frei, „ob" er überhaupt einen Vertrag abschließt. Jeder hat also das Recht, Verträge (nicht) abzuschließen.

- **Partnerfreiheit:** Wer einen Vertrag abschließen will, kann sich seinen Partner selbst aussuchen. Er kann für sich also entscheiden, „mit wem" er den Vertrag eingeht.

- **Gestaltungsfreiheit:** Wenn feststeht, dass ein Vertrag zwischen den Vertragsparteien geschlossen werden soll, ist durch diese das „wie" zu klären. Innerhalb des gesetzlichen Rahmens können sie die Konditionen selbst bestimmen. Eine Unterart der Gestaltungsfreiheit stellt die Formfreiheit dar.

4 Wirksamkeit von Rechtsgeschäften

Nachdem in Kapitel 3 definiert wurde, was ein Rechtsgeschäft ist und welche Arten es davon gibt, ist es an der Zeit darzustellen, aus welchen Gründen Rechtsgeschäfte nichtig (also unwirksam) sein können. Die wichtigsten Nichtigkeitsgründe werden in Kapitel 4 behandelt.

4.1 Geschäftsunfähigkeit

Die wirksame Vornahme von Rechtsgeschäften erfordert die Geschäftsfähigkeit der Beteiligten. Die **Geschäftsfähigkeit** ist dabei die Fähigkeit selbständig und vollwirksam Rechtsgeschäfte abschließen zu können. Ihr Fehlen wirkt sich daher unmittelbar auf die Wirksamkeit von Rechtsgeschäften aus.

Während **juristische Personen immer voll geschäftsfähig** sind, gilt das nicht automatisch für natürliche Personen. Diese sind abhängig vom Alter und eventuell vorliegender Beeinträchtigungen entweder voll geschäftsfähig, beschränkt geschäftsfähig oder geschäftsunfähig.

Ab **Vollendung des 18. Lebensjahres** (und der damit erreichten Volljährigkeit, § 2 BGB) ist eine natürliche Person (im Normalfall) **voll geschäftsfähig.**

Die **Geschäftsunfähigkeit** liegt nach § 104 BGB für zwei Personengruppen vor:

- Nach Nr. 1: Für alle Menschen, die **noch nicht sieben Jahre alt** sind und

- Nach Nr. 2: Für alle Menschen, die sich in einem Zustand befinden, der aufgrund **krankhafter Störung der Geistestätigkeit die freie Willensbildung beeinträchtigt.** Dieser Zustand muss dauerhaft (also nicht nur vorübergehend) sein.

Es gilt allerdings, dass solche geschäftsunfähigen Personen in **lichten Momenten** (bei klarem Verstand) ausnahmsweise voll geschäftsfähig handeln können.

Gibt eine geschäftsunfähige Person eine Willenserklärung ab, so ist diese nach § 105 Abs. 1 BGB nichtig.

Ebenso als unwirksam werden Willenserklärungen betrachtet, die (von generell voll Geschäftsfähigen) im Zustand der Bewusstlosigkeit oder während vorübergehender Störung der Geistestätigkeit abgegeben werden, § 105 Abs. 2 BGB.

4.2 Beschränkte Geschäftsfähigkeit Minderjähriger

Neben der Geschäftsunfähigkeit und der vollen Geschäftsfähigkeit gibt es noch die **beschränkte Geschäftsfähigkeit**. Diese haben natürliche Personen, die zwar **mindestens sieben Jahre alt aber noch nicht volljährig** sind (§ 106 BGB).

Gibt ein in seiner Geschäftsfähigkeit Beschränkter eine Willenserklärung ab, die rechtlich nicht lediglich vorteilhaft für ihn ist, so ist diese weder wirksam noch nichtig. Sie ist vielmehr in einem Schwebezustand, in welchem sie noch zur vollen Wirksamkeit oder eben zur Nichtigkeit gelangen kann. Dies wird als **schwebend unwirksam** bezeichnet.

Ob eine schwebend unwirksame Willenserklärung wirksam wird oder nicht hängt dann von der Zustimmung des gesetzlichen Vertreters des beschränkt Geschäftsfähigen ab (§ 108 Abs. 1 BGB). Gesetzlicher Vertreter des beschränkt Geschäftsfähigen sind regelmäßig dessen Eltern nach §§ 1626 Abs. 1, 1629 Abs. 1 BGB.

Die Zustimmung kann dabei generell nach § 182 Abs. 1 BGB beiden Vertragsparteien gegenüber erklärt werden (also gegenüber dem beschränkt Geschäftsfähigen und/oder dessen Vertragspartner).

Die Zustimmung kann erfolgen vor der Abgabe der Willenserklärung des beschränkt Geschäftsfähigen. Dann spricht man von einer **Einwilligung** (§ 183 BGB). Sie kann aber auch nach der Abgabe der Willenserklärung des beschränkt Geschäftsfähigen erfolgen. Dann spricht man von einer **Genehmigung** (§ 184 Abs. 1 BGB). Eine Genehmigung wirkt (§ 184 Abs. 2 BGB) auf den Zeitpunkt der Erklärung des Minderjährigen zurück.

Es gibt allerdings auch Ausnahmen von diesem Zustimmungserfordernis. Liegt eine von ihnen vor, so ist die Willenserklärung eines beschränkt Geschäftsfähigen unmittelbar mit Abgabe (und gegebenenfalls Zugang) wirksam. Die Ausnahmen sind Folgende:

- **Lediglich rechtlich vorteilhafte Geschäfte:** Bringt ein Rechtsgeschäft dem beschränkt Geschäftsfähigen lediglich einen rechtlichen Vorteil, so ist es unmittelbar ab Abschluss wirksam, § 107 BGB. Neutrale Rechtsgeschäfte (solche, die weder vor- noch nachteilhaft sind) sind ebenfalls zustimmungsfrei. Zu beachten ist hierbei, dass ein wirtschaftlicher Vorteil allein noch nicht zu einem rechtlichen Vorteil führt.

- **Taschengeldgeschäfte:** § 110 BGB sorgt dafür, dass ein beschränkt Geschäftsfähiger mit eigenen Mitteln (Taschengeld oder auch Geldzuwendungen) Verträge bewirken kann. Die eigenen Mittel müssen ihm aber vom gesetzlichen Vertreter zur freien Verfügung überlassen oder mit dessen Zustimmung durch einen Dritten zur freien Verfügung überlassen worden sein. Wichtig ist allerdings, dass die Leistung des beschränkt Geschäftsfähigen vollständig mit diesen Mitteln geleistet sein muss.

- **Berufliche Tätigkeit:** Wenn ein beschränkt Geschäftsfähiger nach § 112 BGB oder § 113 BGB ermächtigt wurde, selbständig ein Erwerbsgeschäft zu betreiben oder einem Dienst- oder Arbeitsverhältnis nachzugehen, so gilt er für alle in Bezug auf diese Tätigkeit anfallenden Geschäfte als unbeschränkt geschäftsfähig.

4.3 Nichtigkeit von Scheingeschäften

Als **Scheingeschäft** wird ein Rechtsgeschäft bezeichnet, welches im Einverständnis der Beteiligten nur zum Schein abgeschlossen wird. Es ist nach § 117 Abs. 1 BGB nichtig.

Wurde das Scheingeschäft nur abgeschlossen, weil es ein anderes Rechtsgeschäft verdecken sollte, so finden auf dieses die Vorschriften Anwendung, die für das verdeckte Rechtsgeschäft gelten, so § 117 Abs. 2 BGB.

Beispiel: Käufer Müller möchte das Grundstück des Verkäufers Schmidt für 150.000,00 € erwerben. Um Notargebühren und Grunderwerbsteuer zu sparen, vereinbaren die beiden im notariell beurkundeten Kaufvertrag einen Kaufpreis von 20.000,00 € (dies ist das nichtige Scheingeschäft, da beide diesen Kaufvertrag so nicht wollen).

Daneben schließen sie noch einen schriftlichen Kaufvertrag über das Grundstück zum Kaufpreis von 150.000,00 € ab. Dieser Vertrag ist das verdeckte Rechtsgeschäft. Er ist nach § 311b Abs. 1 Satz 1 BGB in Verbindung mit. § 125 BGB formnichtig, da ein Grundstückskaufvertrag nur notariell beurkundet geschlossen werden kann.

4.4 Formmangel (Grundsatz der Formfreiheit, Sinn und Zweck von Formvorschriften, Ausnahmen, Nichtigkeit und Heilung)

Aufgrund der Vertragsfreiheit (nach § 311 Abs. 1 BGB) können Rechtsgeschäfte generell formfrei abgeschlossen werden. Vereinzelt kommt es allerdings vor, dass der Gesetzgeber aus unterschiedlichen Gründen (zum Beispiel Beweisbarkeit, Beratungsmöglichkeit durch Notar etc.) eine spezielle Form für Rechtsgeschäfte vorschreibt. Wird diese nicht eingehalten, sind die entsprechenden Rechtsgeschäfte nach § 125 Satz 1 BGB unwirksam.

Einige der relevantesten Formerfordernisse stellt das BGB auf für die folgenden Sachverhalte:

- Notarielle Beurkundung bei einem Grundstückskaufvertrag nach § 311b Abs. 1 Satz 1 BGB
- Notarielle Beurkundung bei einem Schenkungsversprechen nach § 518 Abs. 1 BGB
- Schriftform bei Kündigung oder Auflösungsvertrag eines Arbeitsverhältnisses nach § 623 BGB
- Schriftform bei der Kündigung eines Mietverhältnisses nach § 568 Abs. 1 BGB

Die hier geforderten Formen für den Abschluss von Rechtsgeschäften sind erfüllt, wenn:

- **Schriftform (§ 126 Abs. 1 BGB):** die eigenhändige Unterschrift auf dem Original der Vertragsurkunde vorhanden ist.

- **Notarielle Beurkundung (§ 128 BGB):** der Notar beurkundet, dass die beglaubigten Erklärungen tatsächlich so durch die Erklärenden vor ihm abgegeben wurden.

In bestimmten Ausnahmefällen legt der Gesetzgeber fest, dass ein eigentlich formnichtiges Rechtsgeschäft wirksam wird, wenn bestimmte Voraussetzungen erfüllt sind.

Beispiele:

- Nach § 311b Abs. 1 Satz 2 BGB wird ein Grundstückskaufvertrag ohne notarielle Beurkundung wirksam, wenn die Auflassung und die Grundbucheintragung erfolgt sind.

- Nach § 518 Abs. 2 BGB wird ein Schenkungsversprechen ohne notarielle Beurkundung wirksam, wenn die Schenkung bewirkt wird.

4.5 Verbots- und sittenwidrige Rechtsgeschäfte

Generell gilt im Privatrecht die Privatautonomie und als deren Ausfluss auch die oben ausgeführte Vertragsfreiheit.

Bezüglich der Inhalte von Rechtsgeschäften stellen allerdings die §§ 134 und 138 BGB Grenzen auf.

Verbotene Rechtsgeschäfte: Wenn privatrechtlich ein Rechtsgeschäft abgeschlossen wird, welches gegen gesetzliche Verbote verstößt, so ist es nach § 134 BGB nichtig, wenn nicht das (Verbots-)Gesetz eine andere Rechtsfolge normiert.

Beispiel: Ein Vertrag über einen Auftragsmord ist nichtig.

Sittenwidrige Rechtsgeschäfte: Nichtig sind ferner solche Rechtsgeschäfte, die gegen die guten Sitten verstoßen (§ 138 Abs. 1 BGB). Der Wucher als Unterkategorie der Sittenwidrigkeit führt ebenfalls zur Nichtigkeit des ihn beinhaltenden Rechtsgeschäfts (§ 138 Abs. 2 BGB).

Beispiel: Ein Darlehen zu einem Zinssatz von 25 % pro Woche ist nichtig.

4.6 Anfechtung bei Irrtum, arglistiger Täuschung und widerrechtlicher Drohung

Durch eine Anfechtung kann eine Willenserklärung (im Gesetz als Rechtsgeschäft bezeichnet) rückwirkend nichtig gemacht werden, § 142 Abs. 1 BGB. Eine wirksam angefochtene Willenserklärung wird damit rückwirkend in ihrer Existenz vernichtet und so behandelt, als ob sie nie abgegeben worden wäre.

Um eine Anfechtung durchzuführen, muss der Anfechtende gegenüber dem Anfechtungsgegner (das ist derjenige, an den die angefochtene Willenserklärung gerichtet war) die **Anfechtung erklären**, § 143 Abs. 1 BGB. Der Anfechtungsgegner ist dabei also der Vertragspartner des Anfechtenden § 143 Abs. 2 BGB.

Die Anfechtung ist allerdings aus Gründen des Vertrauensschutzes (Verträge sind einzuhalten) nicht einfach so möglich. Sie kann nur bei Vorliegen eines **gesetzlichen Anfechtungsgrundes** erfolgen. Als solche kommen in Betracht:

- **Inhaltsirrtum:** Gibt der Erklärende eine Willenserklärung ab, über deren Inhalt er im Irrtum war, so kann er nach § 119 Abs. 1 Alt. 1 BGB anfechten. (falsche Nutzung von Fremdwörtern, Fachbegriffen, Dialekt...)

- **Erklärungsirrtum:** Gibt der Erklärende eine Willenserklärung mit einem Inhalt ab, den er überhaupt nicht abgeben wollte, so kann er nach § 119 Abs. 1 Alt. 2 BGB anfechten. (vertippen, vergreifen, versprechen...)

- **Eigenschaftsirrtum:** Irrt der Erklärende über eine wesentliche Eigenschaft (also einen wertbildenden Faktor) der Sache oder des Vertragspartners, so kann er nach § 119 Abs. 2 BGB anfechten. Irrt er sich nur über eine Eigenschaft, die nicht wesentlich ist, so liegt kein Anfechtungsgrund vor. Dies gilt besonders auch für den so genannten unbeachtlichen Motivirrtum.

- **Übermittlungsirrtum:** Nutzt der Erklärende einen Erklärungsboten, so kann er nach § 120 BGB anfechten, wenn dieser die Erklärung unbewusst falsch übermittelt hat.

- **Arglistige Täuschung:** Wird jemand durch ein aktives Tun (Verfälschung von Tatsachen) oder ein passives Unterlassen (Verschweigen) zur Abgabe einer Willenserklärung gebracht, so kann er diese nach § 123 Abs. 1 Alt. 1 BGB anfechten. Dies gilt nur, soweit Arglist im Spiel ist (also mindestens bedingter Vorsatz).

- **Widerrechtliche Drohung:** Gibt jemand eine Willenserklärung ab, weil ihm für den Fall der Nichtabgabe ein empfindliches Übel in Aussicht gestellt wird, so kann der Erklärende nach § 123 Abs. 1 Alt. 2 BGB anfechten.

Dies ist allerdings nicht endlos lang möglich. Die Anfechtung kann nur in einer **angemessenen Frist** erfolgen. Die Fristen hängen vom jeweiligen Anfechtungsgrund ab:

- Die Anfechtungserklärung kann aus Gründen der Rechtssicherheit Bei den §§ 119 und 120 BGB (also den Anfechtungen wegen Irrtums) gilt die Frist nach § 121 Abs. 1 Satz 1 BGB. Demnach muss der Anfechtende **unverzüglich** (also ohne schuldhaftes Zögern) die Anfechtung erklären, nachdem er von dem Vorliegen des Anfechtungsgrundes Kenntnis erlangt. Spätestens nach 10 Jahren ist die Anfechtung nach § 121 Abs. 2 BGB ausgeschlossen.

- Bei § 123 BGB (also der arglistigen Täuschung und der widerrechtlichen Drohung) gelten die Fristen nach

§ 124 BGB. Nach Abs. 1 gilt die **Jahresfrist** für die Anfechtung. Diese Jahresfrist beginnt aber erst zu laufen, wenn die arglistige Täuschung entdeckt oder die Zwangslage aus der Drohung entfallen ist (so Abs. 2). Ist seit Abgabe der Erklärung ein Zeitraum von 10 Jahren vergangen, so kann keine Anfechtung mehr erfolgen, Abs. 3.

Entsteht demjenigen, gegenüber dem die Anfechtung erklärt wurde, durch die Anfechtung ein Schaden, weil er auf die Wirksamkeit des Rechtsgeschäfts vertraut hat, so kann er nach § 122 BGB **Schadensersatz** verlangen. Dies ist allerdings dann nicht möglich, wenn aufgrund einer arglistigen Täuschung oder einer widerrechtlichen Drohung angefochten wurde. Der Schadensersatz ist nach § 122 Abs. 1 BGB auf das negative Interesse beschränkt. Das heißt, dass der Geschädigte so zu stellen ist, wie er dastehen würde, wenn das angefochtene Rechtsgeschäft nie abgeschlossen worden wäre.

5 Stellvertretung

Im Kapitel der Stellvertretung wird dargestellt, unter welchen Voraussetzungen es möglich ist, für jemand anderen einen Vertrag abzuschließen.

5.1 Offenkundigkeit

Stellvertretung heißt, dass jemand für einen anderen ein Rechtsgeschäft abschließt. Dies muss allerdings derart erfolgen, dass der Vertragspartner des Vertretenen auch erkennt, dass der Vertretene und nicht etwa der Vertreter Vertragspartner wird. Der Vertreter muss also äußern oder erkennen lassen, dass er für jemand anderen handelt (**Offenkundigkeit**: „im Namen des Vertretenen").

5.2 Abgrenzung von Stellvertreter und Bote

Der Stellvertreter ist hierbei immer streng zu trennen von einem Boten. Zwar geben beide eine Willenserklärung für einen anderen ab, allerdings unterscheidet sich hierbei der ihnen zustehende Handlungs-/Entscheidungsspielraum.

Der **Bote** gibt eine fremde Willenserklärung in fremden Namen ab. Er wiederholt nur das, was ihm aufgetragen wurde.

Der **Stellvertreter** gibt eine eigene Willenserklärung in fremden Namen ab. Er hat einen Entscheidungsspielraum, den er nutzen kann.

Beispiel: Wird jemandem aufgetragen, für einen anderen in den Baumarkt X zu gehen, eine Packung mit 100 Zimmermannsnägeln der Marke Y zum Preis von Z € zu kaufen, handelt es sich um einen Boten. Der Bote hat keinen Spielraum das Geschäft, das Produkt oder den Preis zu verhandeln.

Bekommt jemand hingegen den Auftrag, 100 Zimmermannsnägel zu einem nicht zu teuren Preis für jemand anderen zu kaufen, so ist er Stellvertreter. Er hat einen Spielraum hinsichtlich des Preises. Auch kann er sich überlegen, in welchem Geschäft er einkaufen geht.

5.3 Vertretungsmacht

Die Vertretungsmacht (also das Recht einen anderen vertreten zu dürfen) kann durch Rechtsgeschäft oder durch das Gesetz verliehen werden. Die Vertretungsmacht gibt auch den Handlungsrahmen für die Entscheidungsbefugnisse des Vertreters vor. So kann beispielsweise ein Vertreter, der bevollmächtigt ist, ein Auto bis zu 20.000,00 € für den Vertretenen zu kaufen, den Vertretenen nicht wirksam in einen Autokaufvertrag über 25.000,00 € zwingen.

Die **Vollmacht** ist eine **Vertretungsmacht durch Rechtsgeschäft** (§ 166 Abs. 2 Satz 1 BGB). Sie kann formfrei erteilt werden (§ 167 Abs. 2 BGB). Die Erklärung über die Erteilung einer Vollmacht kann entweder gegenüber dem Vertreter oder gegenüber demjenigen, demgegenüber die Vertretung erfolgen soll, erfolgen (§ 167 Abs. 1 BGB).

Um eine Vertretung wahrzunehmen, reicht es aus, wenn man **zumindest beschränkt geschäftsfähig** ist, § 165 BGB. Dies liegt daran, dass die Bestellung zum Vertreter rechtlich weder vorteil- noch nachteilhaft ist. Sie stellt vielmehr ein so genanntes neutrales Rechtsgeschäft dar.

Insbesondere für juristische Personen ist deren Vertretung durch das Gesetz geregelt. Beispiele:
- Geschäftsführer vertritt die GmbH
- Vorstand vertritt die Aktiengesellschaft
- Vorsitzender vertritt den Verein (§ 26 Abs. 1 Satz 2 BGB).

Auch die Minderjährigen haben einen Vertreter kraft Gesetzes. Dies sind regelmäßig die Eltern nach §§ 1626 Abs. 1, 1629 Abs. 1 BGB.

5.4 Wirkung der Vertretung

Nach § 164 Abs. 1 Satz 1 BGB bindet die Willenserklärung, die jemand als Vertreter für den Vertretenen abgibt, den Vertretenen. Damit wird also unmittelbar der Vertretene Vertragspartner, was dazu führt, dass er die Verpflichtungen aus dem Vertrag zu erbringen hat und ihm die zu erbringenden Leistungen (des anderen Vertragspartners) zustehen. Nach § 164 Abs. 3 BGB gilt dies auch dann, wenn sich die Gegenseite ebenfalls vertreten lässt.

5.5 Vertreter ohne Vertretungsmacht

Schließt ein Vertreter ein Rechtsgeschäft für einen Vertretenen ab, ohne von diesem mit einer entsprechenden Vertretungsmacht ausgestattet worden zu sein (oder ohne, dass diese ihm gesetzlich zusteht), so nennt man den Vertreter einen **Vertreter ohne Vertretungsmacht**. Das gleiche gilt, wenn der Vertreter die ihm zustehende Vertretungsmacht überschreitet

Ein ohne Vertretungsmacht durch einen Vertreter geschlossenes Rechtsgeschäft ist schwebend unwirksam (§ 177 Abs. 1 BGB). Nach § 184 Abs. 1 BGB kann allerdings eine Genehmigung durch den Vertretenen das Rechtsgeschäft wirksam werden lassen. Die nachträgliche Zustimmung kann gegenüber dem Vertretenen oder auch gegenüber demjenigen gegenüber dem Vertreten wurde erklärt werden (§ 182 Abs. 1 BGB).

6 Verpflichtungsgeschäfte

In diesem Kapitel geht es um die (schuldrechtlichen) Verpflichtungsgeschäfte. Sie stellen die Grundlage für die Entstehung der vertraglichen Ansprüche dar.

6.1 Haupt- und Nebenleistungspflichten, Rücksichtspflichten

Bei (vertraglichen) Schuldverhältnissen werden die geschuldeten Leistungen in leistungsbezogene Pflichten in Form des Tuns oder Unterlassens (§ 241 Abs. 1 BGB) und leistungsunabhängige Rücksichtspflichten (§ 241 Abs. 2 BGB) unterschieden.

Haupt(leistungs)pflichten sind diejenigen, die einen Vertragstyp prägen und charakterisieren. Beim Kaufvertrag wäre dies beispielsweise die Bezahlung des Kaufpreises (§ 433 Abs. 2 BGB) und die Übergabe der Kaufsache (§ 433 Abs. 1 Satz 1 BGB).

Neben(leistungs)pflichten sind solche Pflichten, die der Vorbereitung und Durchführung der Hauptleistungspflichten dienen. Sie sind teilweise gesetzlich nicht geregelt. Beim Kaufvertrag wäre das beispielsweise die Abnahme der Kaufsache (§ 433 Abs. 2 BGB).

Die **Rücksichtspflicht** besteht schon vor Abschluss eines Schuldverhältnisses. Sie wird allerdings durch den Vertragsabschluss verschärft. Demnach haben die Vertragsparteien Rücksicht zu nehmen auf die Rechtsgüter, Rechte und Interessen ihres Vertragspartners. Ein Maler kann beispielsweise nicht beim Streichen einer Zimmerdecke den kompletten Boden mit Farbe volltropfen lassen, da dies das Eigentum(srecht) seines Kunden verletzt.

Die Verpflichtung zur Rücksichtnahme auf die Rechte, Rechtsgüter und Interessen anderer besteht allerdings auch, wenn (noch) kein Vertrag abgeschlossen wurde. Dies ist insbesondere bei der Anbahnung und Vorbereitung von Vertragsabschlüssen relevant. So hat beispielsweise ein Geschäftsinhaber im Winter dafür zu sorgen, dass seine Kunden sicher bis zum Geschäft laufen können, weil die zum Grundstück gehörenden Flächen – soweit für die Kunden begehbar – geräumt sind.

6.2 Kaufvertrag (sonstige Anwendbarkeit von Kaufrecht)

Der Kaufvertrag nach § 433 BGB ist ein gegenseitiger Vertrag. In ihm verpflichtet sich der Verkäufer einer Sache, diese dem Käufer sach- und rechtsmangelfrei (§ 433 Abs. 1 Satz 2) zu übergeben und das Eigentum an der Sache zu verschaffen (§ 433 Abs. 1 Satz 1 BGB). Im Gegenzug verpflichtet sich der Käufer den hierfür vereinbarten Kaufpreis an den Verkäufer zu bezahlen und die Sache abzunehmen (§ 433 Abs. 2 BGB).

Das Kaufvertragsrecht findet auch Anwendung auf den Werklieferungsvertrag nach § 650 BGB. Dieser liegt vor, wenn sich der Unternehmer dazu verpflichtet, dem Besteller eine bewegliche Sache zu liefern, die er zuvor noch herstellen oder erzeugen muss.

6.3 Sonstige Verpflichtungsgeschäfte: Darlehen, Schenkung, Miete, Leihe, Dienstvertrag, Arbeitsvertrag, Werkvertrag, Auftrag, Verwahrung

Weitere relevante Vertragstypen werden hier anhand der Kriterien zentrale Norm, Vertragspartner, Hauptleistungspflichten der Vertragspartner dargestellt.

Darlehensvertrag: Nach § 488 BGB verpflichtet sich der Darlehensgeber dem Darlehensnehmer gegenüber zur Bereitstellung eines Geldbetrags für eine bestimmte Zeit. Nach der vereinbarten Zeit hat der Darlehensnehmer diesen Geldbetrag zurück zu zahlen. Zusätzlich zahlt er für die Überlassung des Geldes einen vereinbarten Zins.

Schenkungsvertrag: Nach § 516 BGB ist der Schenkungsvertrag dadurch gekennzeichnet, dass der Schenkende aus seinem Vermögen unentgeltlich dem Beschenkten eine Zuwendung zukommen lässt.

Mietvertrag: Nach § 535 BGB verpflichtet sich beim Mietvertrag der Vermieter, dem Mieter eine Sache für eine bestimmte Zeit zum Gebrauch zu überlassen. Der Mieter hingegen zahlt für die Gebrauchsüberlassung eine Miete (den so genannten Mietzins).

Leihvertrag: Nach § 598 BGB verpflichtet sich der Verleiher dem Entleiher eine Sache zum Gebrauch auf Zeit zu überlassen. Im Unterschied zur Miete findet diese Gebrauchsüberlassung jedoch unentgeltlich statt. Der Entleiher hat hier nur die Verpflichtung, die Sache nach Fristablauf zurück zu geben. Hierbei handelt es sich jedoch um eine Nebenpflicht nach § 604 BGB.

Dienstvertrag: Nach § 611 BGB verpflichtet sich der Dienstverpflichtete dazu, für den Dienstherrn eine versprochene Leistung zu erbringen. Hierfür erhält er im Austausch eine Vergütung.

Arbeitsvertrag: Nach § 611a BGB verpflichtet sich der Arbeitnehmer dazu, für den Arbeitgeber persönlich eine weisungsgebundene, fremdbestimmte Arbeit in persönlicher Abhängigkeit zu verrichten. Im Gegenzug erhält er eine entsprechende Vergütung.

Werkvertrag: Nach § 631 BGB wird durch den Werkvertrag der Besteller zur Zahlung einer Vergütung verpflichtet, während der Werkunternehmer die Herstellung eines Werkes – und damit einen vereinbarten Erfolg – schuldet.

Auftrag: Nach § 662 BGB kennzeichnet den Auftrag, dass der Beauftragte für den Auftraggeber eine unentgeltliche Geschäftsbesorgung vornimmt.

Verwahrvertrag: Nach § 688 BGB kommt ein Verwahrvertrag dann zustande, wenn sich der Verwahrer dazu verpflichtet, Sachen des Hinterlegers gegen eine Bezahlung aufzubewahren.

6.4 Vertragliche Nebenabreden

Vertragliche Nebenabreden sind Vereinbarungen, die neben dem eigentlichen Vertrag geschlossen werden und diesen ergänzen. Sie sind dabei meist nur schriftlich wirksam und **regeln vor allem die Details der Vertragserfüllung**. Generell ist ihre inhaltliche Ausgestaltung frei gestaltbar, solange nicht das Gesetz oder die guten Sitten Grenzen setzen. Meist werden die Nebenabreden in den Allgemeinen Geschäftsbedingungen geregelt.

Allgemeine Geschäftsbedingungen (kurz AGB) oder umgangssprachlich „das Kleingedruckte" sind nach § 305 Abs. 1 Satz 1 BGB für eine Vielzahl von Verträgen vorformulierte Vertragsbedingungen, die der Verwender (eine Vertragspartei) der anderen Vertragspartei bei Abschluss des Vertrages stellt. Sofern Regelungen durch die Vertragspartner einzeln ausgehandelt werden liegen keine AGB vor, § 305 Abs. 1 Satz 3 BGB. Für AGB ist es unerheblich, ob sie im eigentlichen Vertragstext aufgenommen werden oder nicht, § 305 Abs. 1 Satz 2 BGB.

Wenn AGB verwendet werden, können diese durch Individualabreden verdrängt werden, die zwischen den Vertragsparteien getroffen werden, § 305b BGB.

AGB gelten in einem Vertrag allerdings nur, wenn sie in diesen wirksam einbezogen wurden. Die Voraussetzung für eine Einbeziehung der AGB in den Vertrag benennt § 305 Abs. 2 BGB:

- **Ausdrücklicher Hinweis** auf die AGB durch den Verwender (Nr. 1)
- **Möglichkeit der Kenntnisnahme** der AGB durch den Vertragspartner in zumutbarer Weise (Nr. 2)
- **Einverständnis** des Vertragspartners zur Geltung der AGB des Verwenders.

Die Gültigkeit der AGB wird nach den §§ 309, 308, 307 BGB geprüft. Da das AGB-Recht selbst sehr umfangreich ist, wird in diesem Grundlagenwerk bei Interesse auf eine vertiefende Lektüre der einschlägigen Werke verwiesen.

6.5 Stückschuld und Gattungsschuld (mit Konkretisierung)

Bei der Frage, was ein Vertragspartner zu leisten hat (welchen Gegenstand) ist häufig zu unterscheiden, ob eine Gattungs- oder eine Stückschuld besteht.

Eine **Stückschuld oder Speziesschuld** liegt vor, wenn der geschuldete Gegenstand durch individuelle Merkmale gekennzeichnet ist und sich das abgeschlossene Verpflichtungsgeschäft genau auf diese eine Sache bezieht. (zum Beispiel wenn ein Kunde einen Gebrauchtwagen VW Golf in Silber drei Jahre alt, Laufleistung 100.000 km, den der Händler ausgestellt hat, kauft und sich beim Vertragsabschluss auf diesen Wagen bezieht).

Eine **Gattungsschuld** liegt dann vor, wenn eine Stückschuld nicht vereinbart wurde. Stattdessen wird hier der Vertragsgegenstand nach allgemeinen Merkmalen spezifiziert. Es wird dann lediglich eine bestimmte Sache in mittlerer Art und Güte geschuldet (§ 243 Abs. 1 BGB). (zum

Beispiel, wenn 1.000 Liter Heizöl gekauft werden). Die Gattungsschuld kann durch Vereinbarung auf eine Vorratsschuld (beschränkte Gattungsschuld) reduziert werden.

Die Unterscheidung ist deswegen wichtig, weil bei Untergang einer geschuldeten Stückschuld hinsichtlich der zu erbringenden Hauptleistung Unmöglichkeit eintritt. Geht eine Sache einer Gattungsschuld unter, so hat der Schuldner, wenn er nicht bereits durch Konkretisierung die Gattungsschuld in eine Stückschuld gewandelt hat, eine andere Sache der Gattung zu leisten und damit seine Hauptleistungspflicht zu erfüllen.

Konkretisierung nennt man den Vorgang, durch welchen ein Exemplar einer Gattung in ein konkret geschuldetes Stück und damit zur Stückschuld gewandelt wird. Sie erfolgt bei einer:

- **Holschuld:** dadurch, dass der Schuldner aus seinem Bestand ein Exemplar aussondert und für den Gläubiger zur Abholung bereitstellt (zum Beispiel, indem er ein Stück aus dem Lager holt und mit Namen des Kunden versehen in den Warenraum stellt).

- **Schickschuld:** dadurch, dass der Schuldner aus seinem Bestand ein Exemplar aussondert und dieses einer Transportperson übergibt, die die Lieferung an den Gläubiger vornehmen soll.

- **Bringschuld:** dadurch, dass der Schuldner aus seinem Bestand ein Exemplar aussondert und dieses dem Gläubiger am vereinbarten Ort und zur vereinbarten Zeit zur Abnahme anbietet.

6.6 Leistungsort, Leistungszeit

Der **Leistungsort** ist der Ort, an dem der Schuldner die Leistung erbringen muss, damit der geschuldete Erfolg eintreten kann. Leistungsort und Erfolgsort (der Ort, an dem der Erfolg eintritt) variieren in Abhängigkeit davon, ob es sich um eine Hol-, Bring- oder Schickschuld handelt.

Gemäß § 269 Abs. 1 BGB ist der Regelfall – sofern nichts Abweichendes vereinbart wird – das Vorliegen einer **Holschuld**. Demnach ist die Leistung am Ort des Wohnsitzes des Schuldners zu erbringen. Für Gewerbetreibende ist es der Ort der gewerblichen Niederlassung (§ 269 Abs. 2 BGB).

Ergibt sich aus den Umständen des Vertrages oder aus einer Vereinbarung der Vertragsparteien, dass die Leistung am Wohnsitzort des Gläubigers zu erbringen ist, so handelt es sich um eine **Bringschuld**.

Ferner kann durch Vereinbarung auch eine **Schickschuld** ausgemacht werden.

Die **Leistungszeit** richtet sich nach § 271 BGB. Wenn eine Leistungszeit nicht bestimmt wurde, so kann der Gläubiger die Leistung sofort verlangen und der Schuldner sie sofort bewirken (§ 271 Abs. 1 BGB). Wurde eine Leistungszeit vereinbart, so kann der Gläubiger die Leistung nicht vor dieser Zeit verlangen, der Schuldner sie – im

Zweifel – allerdings vor dieser Zeit erbringen (§ 271 Abs. 2 BGB).

6.7 Einrede des nicht erfüllten Vertrages

Die **Einrede des nicht erfüllten Vertrages** nach § 320 BGB gibt jeder Vertragspartei das Recht, der anderen Vertragspartei gegenüber die geschuldete Leistung zu verweigern, solange die ihr selbst zustehende Leistung nicht erbracht wurde. Diese Einrede kann nur bei gegenseitigen Verträgen geltend gemacht werden. Sie gilt dann aber nur für die im Gegenseitigkeitsverhältnis stehenden Leistungspflichten der Vertragsparteien. Die Einrede des nicht erfüllten Vertrages ist nicht möglich, sofern eine Vorleistungspflicht für eine der Vertragsparteien vereinbart wurde.

7 Sachenrecht

Das Sachenrecht findet sich geregelt im dritten Buch BGB. Es normiert die dinglichen Rechte wie das Eigentum oder den Besitz und führt aus, welche Rechte sich aus dem Eigentum ergeben und wie man dieses erlangt.

7.1 Aufgabe und Funktion des Sachenrechts (Erfüllung der Verpflichtung)

Das Sachenrecht regelt das Verhältnis von Personen (also Rechtssubjekten) zu und an Sachen (also Rechtsobjekten). Es ist damit folglich Zurechnungsrecht. Es legt fest, wie Rechte an Sachen begründet, verändert, übertragen oder beendet werden. Die sachenrechtlichen Vorschriften regeln weiter auch, wie die schuldrechtlichen Verpflichtungsgeschäfte (vergleiche Kapitel 6) zu erfüllen sind.

Rechte an Sachen (so genannte dingliche Rechte) gelten absolut (also gegenüber jedermann) und nicht etwa nur

zwischen den Parteien (wie es bei den Verpflichtungsge-
schäften und den durch sie begründeten Ansprühen der
Fall ist). Dingliche Rechte können unbeschränkt (zum
Beispiel Eigentum) bestehen oder als beschränkte (zum
Beispiel Pfandrecht, Grunddienstbarkeiten) Rechte vorliegen. Die beschränkten dinglichen Rechte gehen gegenüber
dem Eigentumsrecht des Eigentümers vor, auch wenn sie
nicht dessen Umfang haben.

7.2 Abgrenzung
Verpflichtungsgeschäft/Erfüllungsgeschäft

Verpflichtungsgeschäft: Es begründet ein Schuldverhältnis und wird daher auch als schuldrechtlicher Vertrag bezeichnet. Aus ihm resultieren Leistungsverpflichtungen
nach § 241 Abs. 1 BGB. Durch es kann der Gläubiger gegenüber einem Schuldner einen Anspruch herleiten. Ihm
steht also das Recht zu, vom Schuldner ein Tun oder Unterlassen verlangen zu können.

Verfügungsgeschäft (auch Erfüllungsgeschäft): Verfügung ist die Sammelbezeichnung für alle Einwirkungen, die unmittelbar auf den Bestand eines Rechts einwirken. Die Einwirkungen können dabei in Form der Übertragung, Aufhebung, Belastung oder inhaltlichen Änderung bestehen. Eine Verfügung kann durch Rechtsgeschäft erfolgen, dann spricht man von einem Verfügungsgeschäft (auch Erfüllungsgeschäft genannt). Daneben gibt es aber auch reine Handlungen wie die Besitzverschaffung, welche eben gerade kein Rechtsgeschäft darstellen, sondern vielmehr den Realakten zuzuordnen sind.

Das Verpflichtungsgeschäft ist demgemäß das Grundgeschäft das durch das Verfügungs-/Erfüllungsgeschäft erfüllt wird. Die Vornahme des Verfügungsgeschäfts führt dazu, dass gemäß § 362 Abs. 1 BGB der Anspruch aus dem Verpflichtungsgeschäft erlischt und somit kein weiteres Mal geltend gemacht werden kann.

7.3 Trennungsgrundsatz und Abstraktionsprinzip

Der Trennungsgrundsatz und das Abstraktionsprinzip besagen, dass die rechtliche Wirksamkeit das Verpflichtungs- und Verfügungsgeschäft losgelöst vom jeweils anderen Geschäft zu betrachten ist. Es kann daher sein, dass eines der Geschäfte wirksam ist, während das andere unwirksam ist. Die sich eventuell hieraus ergebenden Probleme werden durch das Bereicherungsrecht ausgeglichen.

7.4 Besitz (Bedeutung für den Eigentumserwerb, Erwerb und Beendigung unmittelbarer/mittelbarer Besitz, Besitzdiener)

Unter (dem **unmittelbaren) Besitz** wird die tatsächliche Sachherrschaft über eine Sache verstanden (§ 854 Abs. 1 BGB), weshalb der Besitz auch erworben wird, indem die tatsächliche Gewalt über eine Sache erlangt wird. Er wird getragen von einem natürlichen Besitzwillen. Der Besitz endet dann, wenn der Besitzer die tatsächliche Gewalt über eine Sache aufgibt oder in anderer Weise verliert (§ 856 Abs. 1 BGB).

Neben dem natürlichen (Eigen-)Besitzwillen gibt es auch noch den **Fremdbesitzwillen**. Dieser **kennzeichnet den Besitzdiener** (§ 855 BGB), welcher die tatsächliche Sachherrschaft über eine Sache für einen anderen ausübt und dessen Weisungen er Folge zu leisten hat. Der Besitzdiener muss allerdings im Haushalt, Erwerbsgeschäft oder in einem ähnlichen Verhältnis zum Besitzherrn stehend den Besitz ausüben.

Der **Besitzherr** erwirbt/verliert den unmittelbaren Besitz auch dann, wenn der Besitzdiener die Sache erlangt/verliert. Ebenso verliert er den Besitz, wenn der Besitzdiener den Fremdbesitzerwillen aufgibt und dadurch Eigenbesitzer wird.

Neben dem unmittelbaren Besitz gibt es noch den **mittelbaren Besitz** nach § 868 BGB. Dieser liegt dann vor, wenn ein so genanntes Besitzmittlungsverhältnis (zum

Beispiel Mietvertrag, Pachtvertrag, Leihvertrag etc.) gegeben sind.

So führt beispielsweise ein Mietvertrag dazu, dass der bisherige (unmittelbare) Besitzer als Vermieter die Sache zur Gebrauchsüberlassung auf Zeit an den Mieter abgibt. In dem Moment, in dem die Sache vom Vermieter an den Mieter übergeben wird, erlangt dieser die tatsächliche Sachherrschaft nach § 854 Abs. 1 BGB und wird somit unmittelbarer Besitzer. Da der Vermieter aber nach Ablauf der Mietzeit die Sache zurückbekommt, bleibt er für die Zeit des bestehenden Mietverhältnisses nach § 868 BGB ein mittelbarer Besitzer.

Der Besitz selbst ist regelmäßig eine Voraussetzung für den Eigentumserwerb. Dieser wird in den Teilkapiteln 7.5 und 7.6 behandelt.

7.5 Begriff des Eigentums und Befugnisse des Eigentümers

Eigentum ist die **rechtliche Herrschaft über eine Sache**, die den Eigentümer nach § 903 Satz 1 BGB dazu berechtigt, nach Belieben mit der Sache zu verfahren. Sie stellt das stärkste dingliche Recht dar. Eigentümer von Tieren haben allerdings nach § 903 Satz 2 BGB die zum Schutz von Tieren erlassenen Vorschriften zu beachten.

Das Eigentum kann grundsätzlich auf zwei Arten erworben werden. Diese sind der rechtsgeschäftliche Eigentumserwerb (siehe hierzu auch die Kapitel 7.6 und 7.8) sowie der gesetzliche Eigentumserwerb.

Der **rechtsgeschäftliche Eigentumserwerb** setzt voraus, dass sich der bisherige Eigentümer und der Erwerber über den Eigentumsübergang einig sein müssen (also mindestens zwei übereinstimmende Willenserklärungen vorliegen).

Der **gesetzliche Eigentumserwerb** daneben tritt automatisch ein, wenn bestimmte im Gesetz genannte Voraussetzungen vorliegen. Der gesetzliche Eigentumserwerb ist möglich durch:

- **Ersitzung:** Hat jemand eine bewegliche Sache zehn Jahre im Eigenbesitz, ohne in dieser Zeit zu erfahren, dass er tatsächlich bei Erwerb der Sache nicht Eigentümer wurde, so wird er nach Ablauf dieser Zeit gemäß § 937 BGB zum Eigentümer.

- **Verbindung, Vermischung, Verarbeitung:** Der Eigentumserwerb für diese Vorgänge ist geregelt in den §§ 946 – 957 BGB. Bei der Verbindung werden zwei oder mehr Sachen so miteinander verbunden, dass wesentliche Bestandteile an einer einheitlichen Sache werden. An dieser Sache haben dann die ehemaligen Eigentümer der einzelnen miteinander verbundenen Sachen ein Miteigentumsrecht. Bei der Vermischung werden bewegliche Sachen miteinander untrennbar vermischt oder vermengt. An der vermischten Sache haben die bisherigen Eigentümer der alten Sachen jeweils ein Miteigentumsrecht. Bei der Verarbeitung wird eine bestehende Sache (der so genannte Stoff) in eine andere bewegliche Sache umgebildet. Derjenige, der die hierfür notwendige Arbeit durchführt erlangt Kraft Gesetzes Eigentum an der hergestellten Sache.

- **Aneignung:** Die Aneignung erfolgt nach § 958 Abs. 1 BGB dadurch, dass jemand eine herrenlose bewegliche Sache (also eine, die niemandem gehört) in Eigenbesitz nimmt.

- **Fund:** Nach § 965 BGB in Verbindung mit § 973 BGB erwirbt der Finder einer verlorenen beweglichen Sache sechs Monate, nachdem er die Sache im Fundbüro abgegeben hat, das Eigentum an dieser, wenn sie nicht durch den bisherigen Eigentümer abgeholt wurde. Für Sachen mit einem Wert von bis zu 10,00 € erwirbt der Finder direkt durch den Fund und die Inbesitznahme das Eigentum.

Aus dem Eigentum ergeben sich verschiedene Rechte des Eigentümers. So kann er nach:

- § 985 BGB gegenüber einem Besitzer der ihm gehörenden Sachen die Herausgabe verlangen,
- § 1004 BGB von anderen, die ihm in der Ausübung seines Eigentumsrechts stören, Unterlassen verlangen,
- §§ 925, 929 BGB rechtsgeschäftlich das Eigentum an einen anderen übertragen.

7.6 Rechtsgeschäftlicher Eigentumserwerb an beweglichen Sachen

Der rechtsgeschäftliche Eigentumserwerb an beweglichen Sachen richtet sich nach §§ 929 – 936 BGB.

Im Grundfall sind für die Eigentumsübertragung die folgenden vier Voraussetzungen zu erfüllen (§ 929 Satz 1 BGB):

1. **bewegliche Sache:** Es muss sich um eine Sache nach § 90 BGB handeln, die keine Immobilie ist.

2. **Einigung:** Hierunter wird die Einigung der Vertrags-parteien darüber verstanden, dass das Eigentum vom Veräußerer auf den Erwerber übergehen soll. Diese setzt zwei kongruente Willenserklärungen voraus (§§ 145 ff. BGB).

3. **Übergabe:** Hierbei handelt es sich um die Besitzver-schaffung (tatsächliche Sachherrschaft nach § 854 Abs. 1 BGB).

4. **Berechtigung:** Der Veräußerer muss berechtigt sein, die Sache auch an den Erwerber zu übereignen. Dies ist der Fall, wenn er entweder Eigentümer nach § 903 Satz 1 BGB ist oder wenn er mit Einwilligung des Ei-gentümers handelt. § 1006 Abs. 1 BGB erzeugt den Rechtsschein, dass der Besitzer einer (beweglichen) Sache auch deren Eigentümer ist.

In der Rechtsfolge geht das Eigentum auf den Erwerber über, wenn diese vier Voraussetzungen erfüllt sind.

Ist der Veräußerer der Sache nicht Eigentümer (und damit ein so genannter Nichtberechtigter), kann das Eigentum dennoch ausnahmsweise auf den Erwerber übergehen, wenn die Voraussetzungen des gutgläubigen Eigentumserwerbs vom **nichtberechtigten Dritten** (§ 932 BGB) erfüllt sind.

Hierzu muss – nachdem die Berechtigung in der oben stehenden Prüfung verneint wurde – geprüft werden,

1. ob der **Erwerber gutgläubig** war: Die Gutgläubigkeit nach § 932 Abs. 2 BGB ist gegeben, wenn der Erwerber weder wusste noch grob fahrlässig nicht wusste (also hätte wissen müssen), dass der Veräußerer nicht Eigentümer der Sache ist.

2. ob die **Sache nicht abhandengekommen** ist: Abhandengekommen sind Sachen nach § 935 Abs. 1 Satz 1 BGB, wenn sie dem Eigentümer gestohlen wurden, verloren gingen, sonst abhandengekommen sind. Ist dies bei der übergebenen Sache nicht der Fall, dann gilt sie als nicht abhandengekommen und ein gutgläubiger Eigentumserwerb ist möglich.

War der Erwerber gutgläubig und die Sache nicht abhand-engekommen, so tritt nach § 932 Abs. 1 Satz 1 BGB die gleiche Rechtswirkung ein, wie nach § 929 Satz 1 BGB. Das Eigentum wird rechtsgeschäftlich erworben.

7.7 Eigentumsvorbehalt und Anwartschaftsrecht

Der Eigentumsübergang muss nicht zwingend bei Über-gabe der Sache stattfinden. Vielmehr kann die Sache auch unter **Eigentumsvorbehalt** übergeben werden. Hierbei ei-nigen sich der Veräußerer und der Erwerber des Eigen-tums darauf, dass das Eigentum erst bei Eintritt bestimm-ter Voraussetzungen/Bedingungen auf den Erwerber über-gehen soll.

Häufig wird dies bei Kaufverträgen gemacht. Hier wird unter der Bedingung, dass das Eigentum erst bei vollstän-diger Kaufpreiszahlung vom Verkäufer auf den Käufer übergeht, dem Käufer die Kaufsache schon mitgegeben. Solange der Preis also nicht bezahlt wird (die Bedingung also nicht eintrat), verbleibt das Eigentumsrecht beim Verkäufer (§ 449 Abs. 1 BGB, § 158 Abs. 1 BGB).

Solange die Bedingungen für den Eigentumsübergang nicht erfüllt sind, besitzt der angehende Erwerber ein so genanntes **Anwartschaftsrecht** auf das Eigentum. Aus diesem heraus lassen sich schon Rechte des (noch) Eigentümers geltend machen, wie zum Beispiel die Herausgabe nach § 985 BGB (vergleiche hierzu Kapitel 10.2).

7.8 Eigentumserwerb an unbeweglichen Sachen (mit Auflassungsvormerkung)

Der **rechtsgeschäftliche Eigentumserwerb an einem Grundstück** richtet sich nach den §§ 873 und 925 BGB.

1. Er setzt voraus, dass zunächst ein **Grundstück** vorliegt. Ein solches wird definiert als natürlich gewachsener, räumlich begrenzter Teil der Erdoberfläche, der katastermäßig erfasst ist.

2. Ferner müssen sich der Erwerber und der Veräußerer in Form der **Auflassung** über den Eigentumsübergang einigen. Die Auflassung ist dabei die Einigung des Veräußerers und des Erwerbers bei gleichzeitiger Anwesenheit vor einer geeigneten Stelle (Notar) darüber, dass das Eigentum am Grundstück übergehen soll, so § 925 Abs. 1 Satz 1 BGB. Meist erfolgt die Auflassung direkt bei Abschluss des (nach § 311b BGB notariell zu beurkundenden) Grundstückskaufvertrags.

3. Wichtig ist auch beim Eigentumserwerb einer Immobilie, dass der Veräußerer auch **zur Eigentumsübertragung berechtigt** ist (§ 873 Abs. 1 BGB) oder der Erwerber gutgläubig vom Nichtberechtigten erwirbt (§§ 891, 892 BGB).

4. Der Wechsel des Eigentümers muss ferner **im Grundbuch eingetragen** werden, § 873 Abs. 1 BGB.

Da das Eigentum an einem Grundstück erst bei der Eintragung im Grundbuch übergeht (welche mehrere Wochen/Monate dauern kann), empfiehlt es sich, für den Erwerber im Grundbuch eine **Vormerkung** auf den Eigentumserwerb einzutragen (§ 883 Abs. 1 Satz 1 BGB). Dies verhindert, dass der Veräußerer während der noch ausstehenden Grundbucheintragung das Grundstück an einen anderen veräußern kann und darf.

7.9 Verbindung beweglicher Sachen mit einem Grundstück, Zubehör eines Grundstücks

Wenn eine bewegliche Sache untrennbar mit einem Grundstück verbunden wird, so geht das Eigentum an dieser Sache nach § 946 BGB auf den Eigentümer des Grundstücks über. Die ehemals bewegliche Sache ist jetzt ein **wesentlicher Bestandteil des Grundstücks** nach § 94 Abs. 1 Satz 1 BGB.

Zubehör nach § 97 BGB sind die beweglichen Sachen, die dem wirtschaftlichen Zweck einer Hauptsache dienen,

ohne deren Bestandteil zu sein. Das Zubehör eines Grundstücks geht bei Eigentümerwechsel am Grundstück nach
§ 926 Abs. 1 BGB zusammen mit dem Grundstückseigen-
tum über, wenn nicht Veräußerer und Erwerber etwas anderes vereinbaren.

8 Besondere Rechte des Käufers bei Mängeln

Werden die Hauptleistungspflichten eines Vertrages nicht ordnungsgemäß erfüllt, so stehen dem Gläubiger mitunter Mängelrechte zu.

Am Beispiel des Kaufvertrags soll an dieser Stelle ein kompakter Überblick über das Mangelrecht gegeben werden. Die Haftung des Verkäufers für Mängel ergibt sich als logische Konsequenz aus dessen Verpflichtung, die Sache nach § 433 Abs. 1 Satz 2 BGB dem Käufer mangelfrei zu verschaffen.

8.1 Nacherfüllung

Nach § 437 Nr. 1 in Verbindung mit § 439 BGB kann der Käufer einer Sache vom Verkäufer Nacherfüllung verlangen, wenn die Sache im Zeitpunkt des Gefahrübergangs einen Sachmangel aufwies und für diesen die Haftung nicht ausgeschlossen war.

Ob ein Sachmangel vorliegt, richtet sich nach § 434 BGB. Demzufolge ist ein Sachmangel gegeben, wenn:

- **Vereinbarte Beschaffenheit nicht erfüllt ist:** Wurde für die Kaufsache eine Beschaffenheit (= tatsächlicher Zustand der Sache) vereinbart, die die Sache nicht erfüllt, so liegt ein Sachmangel nach § 434 Abs. 1 Satz 1 BGB vor.

- **Vertraglich vereinbarte Verwendung nicht möglich ist:** Wurde im Vertrag vereinbart, wofür die Kaufsache verwendet werden soll und ist sie hierfür nicht verwendbar, so liegt ein Sachmangel nach § 434 Abs. 1 Satz 2 Nr. 1 BGB vor.

- **Gewöhnliche Verwendung nicht möglich ist:** Eignet sich eine Sache nicht für eine Verwendung, für die sie gewöhnlicher Weise genutzt wird, so liegt ein Sachmangel nach § 434 Abs. 1 Satz 2 Nr. 2 BGB vor.

- **Unsachgemäße Montage erfolgte:** Wird die Kaufsache vom Verkäufer (oder dessen Erfüllungsgehilfen) unsachgemäß durchgeführt, so liegt ein Sachmangel nach § 434 Abs. 2 Satz 1 BGB vor.

- **Mangelhafte Montageanleitung vorliegt:** Ist die Montage der Kaufsache nach der Montageanleitung nicht möglich, so liegt ein Sachmangel nach § 434 Abs. 2 Satz 2 BGB vor.

- **Lieferung anderer Sache erfolgte:** Liefert der Verkäufer die statt der Kaufsache eine andere Sache, so wird dies einem Sachmangel nach § 434 Abs. 3 Alt. 1 BGB gleichgestellt.

- **Zu geringe Menge geliefert wurde:** Liefert der Verkäufer die richtige Sache in einer zu geringen Menge, so wird dies einem Sachmangel nach § 434 Abs. 3 Alt. 2 BGB gleichgestellt.

Der Verkäufer haftet nicht in alle Unendlichkeit für eine etwaige Verschlechterung der Kaufsache, sondern nur bis zum Gefahrübergang. Daher müssen die Mängel bereits zu diesem Zeitpunkt vorliegen. Gefahrübergang ist der Moment, ab dem die Verschlechterung der Sache von der Risikosphäre des Verkäufers in die des Käufers übergeht.

Der **Gefahrübergang** richtet sich regelmäßig nach § 446 Satz 1 BGB, wonach mit Übergabe der Kaufsache vom Verkäufer an den Käufer die zufällige Verschlechterung oder der zufällige Untergang der Sache in die Gefahrensphäre des Käufers fällt. Somit muss für die Inanspruchnahme von Mängelrechten aus dem Kaufvertrag die Sache bereits bei Übergabe mangelbehaftet sein.

Wenn im Kauvertrag vereinbart war, dass der Verkäufer dem Käufer die Sache zuschickt, dann findet der Gefahrübergang nach § 447 Abs. 1 BGB in dem Zeitpunkt statt, in welchem der Verkäufer die Sache an den Spediteur oder Frachtführer übergibt.

Bei Kaufverträgen haftet der Verkäufer nur dann für die bei Gefahrübergang vorliegenden Sachmängel, wenn die Haftung nicht ausgeschlossen ist.

Ein **Haftungsausschluss** ist vertraglich oder gesetzlich möglich.

Gemäß § 444 BGB (Umkehrschluss) steht es den Vertragsparteien frei, zu vereinbaren, dass der Verkäufer für Sachmängel nicht haften soll. Ist eine solche Vereinbarung getroffen, so haftet der Verkäufer also nur noch für arglistig verschwiegene Mängel und im Garantiefall (sofern er ein Garantieversprechen abgegeben hat). Dies nennt man den **vertraglichen Haftungsausschluss**.

Ein **gesetzlicher Haftungsausschluss** ergibt sich aus § 442 Abs. 1 BGB. Demzufolge haften Verkäufer nicht für diejenigen Mängel, die dem Käufer bei Vertragsabschluss bekannt sind (Satz 1). Im Falle der grob fahrlässigen Unkenntnis des Käufers ist die Haftung des Verkäufers erleichtert. So haftet der Verkäufer nur für arglistig verschwiegene Mängel (Satz 2).

Sind die hier dargestellten Voraussetzungen:
- Vorliegen eines Sachmangels
- Im Zeitpunkt des Gefahrenübergangs
- Ohne gleichzeitiges Vorliegen eines Haftungsausschlusses

gegeben, so hat der Käufer einen Anspruch gegenüber dem Verkäufer auf Nacherfüllung.

Hierzu kann er nach § 439 Abs. 1 BGB auswählen, ob er eine **Nachbesserung** (also die Beseitigung des Mangels an der gelieferten Sache) oder eine **Neulieferung** (also die Lieferung einer neuen Sache) möchte.

Entscheidet sich der Käufer für eine dieser beiden Arten der Nacherfüllung, so kann der **Verkäufer** die Wahl nur dann auf die nicht **gewählte Art einschränken**, wenn die gewählte Art entweder **unmöglich** (im Sinne des § 275

BGB) oder im Verhältnis zur anderen Nacherfüllungsart **unverhältnismäßig** teuer ist - § 439 Abs. 4 BGB.

Die **Kosten für die Nacherfüllung** trägt nach § 439 Abs. 2 BGB in jedem Fall der Verkäufer, da dieser seine vertraglich geschuldete Leistungspflicht nicht ordnungsgemäß erfüllt hat.

Wurde die Nacherfüllung in Form der Neulieferung durchgeführt, so kann der Verkäufer die **mangelhafte Sache** nach § 439 Abs. 5 BGB vom Käufer **zurückverlangen**.

8.2 Verbrauchsgüterkauf und seine Besonderheiten

Der Verbrauchsgüterkauf nach § 474 Abs. 1 Satz 1 BGB ist ein spezieller Kaufvertrag. Er kann nur zwischen einem Unternehmer (§ 14 BGB) als Verkäufer und einem Verbraucher (§ 13 BGB) als Käufer über eine bewegliche Sache abgeschlossen werden. Fällt neben dem Verkauf der beweglichen Sache auch eine Dienstleistung durch den

Verkäufer an, so handelt es sich dennoch um einen Verbrauchsgüterkauf.

Der Begriff Verbrauchsgüterkauf ist streng genommen falsch, da ein Verbrauchsgüterkauf auch über Gebrauchsgüter abgeschlossen werden kann. Es wird somit auf die Verbrauchereigenschaft des Käufers abgestellt.

Es gelten hinsichtlich des Verbrauchsgüterkaufs Abweichungen von den sonst für den Kaufvertrag geltenden Regelungen. Die relevantesten davon sind:

- § 475 Abs. 3 Satz 1 BGB: Bei Rückgewähr einer mangelhaften Sache nach § 439 Abs. 5 BGB – im Rahmen der Nacherfüllung – sind gezogene Nutzen nicht zu ersetzen.

- § 475 Abs. 2 BGB: Beim Versendungskauf geht die Gefahr erst bei Übergabe der Sache an den Käufer auf diesen über, es sei denn, dass dieser den Transporteur eigenständig beauftragt hat.

- § 475 Abs. 4 BGB: Bei Unmöglichkeit und Unverhältnismäßigkeit einer Art der Nacherfüllung kann der Verkäufer die andere Art nicht nach § 439 Abs. 4 BGB verweigern.

- § 476 Abs. 1 BGB: Es gilt eine eingeschränkte Vertragsfreiheit hinsichtlich der Haftungsbeschränkung des Unternehmers.

- § 476 Abs. 2 BGB: Mindestverjährungsdauer für Ansprüche aus dem Verbrauchsgüterkauf sind bei Neuwaren zwei Jahre und bei gebrauchten Sachen ein Jahr.

- § 477 BGB: Für Mängel, die innerhalb von bis zu sechs Monaten nach Gefahrübergang auftreten gilt eine Beweislastumkehr. Das bedeutet, dass der Verkäufer beweisen muss, dass die Mängel nicht schon zum Zeitpunkt des Gefahrübergangs vorlagen. Dies gilt allerdings dann nicht, wenn die Art des Mangels oder der Sache hiermit unvereinbar sind.

- § 479 Abs. 1 Satz 1 BGB: Garantieerklärungen müssen einfach und verständlich abgefasst sein.

8.3 Vorrang der Nacherfüllung und Ausnahme

Die Nacherfüllung (wie unter Kapitel 8.1 bereits darge-stellt) ist gegenüber den anderen Mangelrechten nach § 437 BGB vorrangig. Dies führt dazu, dass jeder Verkäu-fer zunächst **zwei Mal darauf bestehen kann, durch eine Nacherfüllung seiner Leistungspflicht** (in Form einer mangelfreien Kaufsache) zu entsprechen. Scheitern diese beiden Versuche der Nacherfüllung, so kann der Käufer gegebenenfalls den Kaufpreis mindern, vom Vertrag zu-rücktreten, Schadensersatz oder Aufwendungsersatz gel-tend machen, da nach § 440 Satz 2 BGB die Nacherfüllung als unzumutbar betrachtet wird.

Wenn der Verkäufer allerdings von vornherein die Nach-erfüllung verweigert, so kann er Käufer unmittelbar die nachrangigen Mangelrechte in Anspruch nehmen.

8.4 Abgrenzung zum Umtauschrecht aus Kulanz und Garantieanspruch

Neben dem Anspruch auf Nacherfüllung gibt es in der Praxis auch noch **freiwillige Kulanzhandlungen** der Verkäufer. So ist es inzwischen weit verbreitet, dass gekaufte Produkte innerhalb von 14 Tagen umgetauscht/zurückgegeben werden können. Dies ist allerdings eine rein freiwillige Handlung (Marketing und Kundenbindung) auf die kein rechtlicher Anspruch besteht.

Daneben räumen auch manche Verkäufer für ihre Produkte eine **Garantie** nach § 443 BGB ein. Durch diese verpflichtet sich der Verkäufer dazu, für den Fall, dass das Produkt innerhalb der Garantiezeit eine bestimmte Beschaffenheit (so genannte Haltbarkeit) nicht behält, die Sache nachzubessern und damit die garantierte Beschaffenheit wiederherzustellen.

8.5 Minderung (Begriff, Bedeutung und Rechtsfolgen)

Nach § 437 Nr. 2 Alt. 2 BGB i. V. m. § 441 BGB kann der Käufer unter bestimmten Voraussetzungen als Mangelrecht vom Gestaltungsrecht der **Minderung** Gebrauch machen. Dies ist möglich, wenn die Voraussetzungen für den Rücktritt vom Vertrag vorliegen.

Die Minderung führt dazu, dass sich der eigentliche Kaufpreis reduziert. Die Reduzierung erfolgt abhängig vom durch den Mangel verminderten realen Wert des Kaufgegenstands gegenüber dem vereinbarten Kaufpreis.

Der geminderte Kaufpreis errechnet sich mit folgender Formel:

Geminderter Kaufpreis = (vereinbarter Kaufpreis x objektiver Wert mit Mangel) / Wert bei Mangelfreiheit

Der Kaufpreis ist nur in gemindertem Umfang zu bezahlen (§ 438 Abs. 5, Abs. 4 Satz 2 BGB) oder anteilig durch den

Verkäufer zu erstatten (§ 441 Abs. 4 Satz 1 BGB). Hat der Käufer den geminderten Preis voll bezahlt, so kann er weitere Zahlungen verweigern.

8.6 Verweis in das allgemeine Leistungsstörungsrecht

Weiter stehen dem Käufer bei Mängeln auch noch die Rechte auf Rücktritt vom Vertrag (§ 437 Nr. 2 Alt. 1 BGB) und Schadensersatz sowie Ersatz der vergeblichen Aufwendungen (§ 437 Nr. 3 BGB) zu. Für diese Themen wird auf Kapitel 9 verwiesen.

9 Allgemeines Recht der Leistungsstörungen

Dieses Kapitel widmet sich der Frage, was Leistungsstörungen sind und in welcher Form sie auftreten können. Daneben wird dargestellt, welche Ansprüche und Gestaltungsrechte sich in der Folge aus diesen Leistungsstörungen ergeben können.

9.1 Arten von Pflichtverletzungen

Bei der Erfüllung der Verpflichtungsgeschäfte kann es dazu kommen, dass **Leistungsstörungen** auftreten. Hierunter versteht man **ein Hindernis, welches bei der Erfüllung von Schuldverhältnissen auftritt.** Diese Leistungsstörungen werden auch Pflichtverletzungen genannt. Sie können in den vier folgenden Formen auftreten:

- <u>**Mangel:**</u> Liegt vor, wenn die Leistung nicht so erbracht wird, wie sie geschuldet wird.

- <u>**Unmöglichkeit:**</u> Liegt vor, wenn die Leistung aus tatsächlichen oder rechtlichen Gründen nicht erbracht werden kann sowie, wenn die Leistungserbringung aus moralischen oder faktischen Gründen nicht verlangt werden kann.

- **Rücksichtspflichtverletzung:** Liegt vor, wenn der Schuldner die Interessen, Rechte oder Rechtsgüter des Gläubigers bei der Leistungserbringung verletzt.
- **Verzug:** Liegt vor, wenn die Leistung nicht rechtzeitig erbracht wird.

9.2 Vertraglicher Schadensersatz („neben" und „statt" der Leistung)

Bei vertraglichen Schadensersatzansprüchen stellt sich zunächst immer die Frage, ob der Schadensersatz neben der geschuldeten Leistung erbracht werden soll oder ob der Schadensersatz an die Stelle der Leistung tritt.

Der Schadensersatz, der trotz der erbrachten Leistung noch zu leisten ist, wird als **Schadensersatz neben der Leistung** bezeichnet. Seine Voraussetzungen finden sich in § 280 Abs. 1 BGB und im Falle der Verzögerung in § 280 Abs. 1, Abs. 2 BGB in Verbindung mit § 286 BGB.

Hat der Gläubiger aufgrund des Schadenseintritts kein Interesse mehr daran, dass die Leistung (vom Schuldner) erbracht wird oder ist die Erbringung unmöglich geworden, so kann **statt der Leistung** ein Schadensersatz geltend gemacht werden. Seine Voraussetzungen sind in § 280 Abs. 1, Abs. 3 in Verbindung mit (einer der nachfolgenden Normen) § 281 (bei Nichtleistung/Schlechtleistung), § 282 (bei Rücksichtspflichtverletzung) oder § 283 (bei Unmöglichkeit) BGB geregelt.

In jedem Fall ist für den vertraglichen Schadensersatz also immer § 280 Abs. 1 BGB mit seinen drei Voraussetzungen zu prüfen. Dieser stellt den so genannten Grundtatbestand dar und umfasst drei Tatbestandsvoraussetzungen.

So muss für den vertraglichen Schadensersatzanspruch gemäß § 280 Abs. 1 BGB:

1. ein **vertragliches Schuldverhältnis** vorliegen (dafür kommt jeder denkbare Vertrag in Betracht)

2. eine **Pflichtverletzung** vorliegen (dafür kommen die unter Kapitel 9.1 dargestellten Leistungsstörungen in Betracht)

3. der Schadensersatzverpflichtete die Pflichtverletzung auch **zu vertreten haben** (siehe hierzu Kapitel 9.3)

Beispiel für den Schadensersatz neben der Leistung nach § 280 Abs. 1 BGB: Die Maler haben gemäß dem Werkvertrag die Wände der Wohnung des Kunden gestrichen. Hierbei waren sie jedoch etwas unvorsichtig und haben versehentlich Farbflecken auf dem Boden hinterlassen. Deren Reinigung durch eine Spezialfirma verursacht dem Kunden nun unbeabsichtigt Zusatzkosten. Die Aufwendungen hierfür kann er von der Malerfirma als Schadensersatz neben der Leistung zur Erstattung geltend machen.

Bei einem **Schadensersatz neben der Leistung aufgrund von Verzug** kommen zu den drei dargestellten

Prüfschritten aus dem Grundtatbestand vier weitere Schritte dazu.

4. Da § 280 Abs. 2 BGB für den Schadensersatz neben der Leistung aufgrund von Verzug **auf § 286 BGB verweist**, sind dessen Voraussetzungen ebenfalls zu prüfen. Diese sind:

5. die geschuldete **Leistung wurde nicht erbracht**, obwohl dies möglich wahr

6. die Leistung war bereits **fällig**

7. eine **Mahnung mit Fristsetzung** hat nicht zum Ziel geführt (oder war nach § 286 Abs. 2 entbehrlich)

Beispiel für den Schadensersatz neben der Leistung aufgrund von Schuldnerverzug nach § 280 Abs. 1, 2 in Verbindung mit § 286 BGB: Beim Kauf eines Neuwagens wurde vereinbart, dass der Wagen zum 1. März zur Verfügung steht. Der Verkäufer konnte das Auto tatsächlich aber erst am 15. März zur Verfügung stellen, weshalb der Käufer für zwei Wochen Kosten für einen Ersatzwagen aufwenden musste. Die Zusatzkosten für den Ersatzwagen kann der Kunde als Schadensersatz neben der Leistung aufgrund von Verzug gegenüber dem Verkäufer geltend machen.

Beim **Schadensersatz statt der Leistung aufgrund von nicht- oder nicht wie geschuldet erbrachter Leistung** kann der Gläubiger nach § 280 Abs. 1, 3 in Verbindung mit § 281 BGB einen Schadensersatz geltend machen. Hierzu sind neben dem Grundtatbestand die folgenden vier Prüfschritte vorzunehmen:

4. Da § 280 Abs. 3 BGB für den Schadensersatz statt der Leistung bei nicht oder nicht wie geschuldet erbrachter Leistung **auf § 281 BGB verweist**, sind dessen Voraussetzungen ebenfalls zu prüfen. Diese sind:

5. die geschuldete Leistung wurde **nicht oder nicht wie geschuldet erbracht**, obwohl dies möglich wahr

6. die Leistung war bereits **fällig**

7. eine **Mahnung mit Fristsetzung** hat nicht zum Ziel geführt (oder war nach § 281 Abs. 2 entbehrlich)

Beispiel für den Schadensersatz statt der Leistung aufgrund von nicht oder nicht wie geschuldet erbrachter Leistung nach § 280 Abs. 1, 3 in Verbindung mit § 281 BGB: Die bestellte Hochzeitstorte sollte am 2. Februar um 14:00 Uhr geliefert werden. Als sie um 15:00 Uhr noch immer nicht da ist, kauft das Hochzeitspaar kurzfristig bei einer anderen Konditorei Torten. Die hierfür entstandenen Kosten können nach § 280 Abs. 1, 3 in Verbindung mit § 281 BGB vom ursprünglichen Tortenlieferanten verlangt werden. Zwar ist der Schaden dadurch entstanden, dass der Lieferant zu spät kam. Da aber aufgrund des nunmehr gedeckten Bedarfs an Torten die Lieferung der eigentlichen Hochzeitstorte nicht mehr gewünscht oder erforderlich ist, wird sie nicht als Verzögerungsschadensersatz neben, sondern vielmehr als Schadensersatz statt der Leistung geltend gemacht.

Beim **Schadensersatz statt der Leistung aufgrund erheblichen Rücksichtspflichtverletzung** kann der Gläubiger nach § 280 Abs. 1, 3 in Verbindung mit § 282 BGB einen Schadensersatz geltend machen. Hierzu sind neben dem Grundtatbestand die folgenden drei Prüfschritte vorzunehmen:

4. Da § 280 Abs. 3 BGB für den Schadensersatz statt der Leistung bei erheblicher Rücksichtspflichtverletzung **auf § 282 BGB verweist**, sind dessen Voraussetzungen ebenfalls zu prüfen. Diese sind:

5. die im Grundtatbestand geprüfte **Pflichtverletzung muss eine Rücksichtspflichtverletzung** sein

6. die Rücksichtspflichtverletzung muss so erheblich sein, dass dem **Gläubiger die weitere Leistungserbringung durch den Schuldner nicht mehr zumutbar** ist

Beispiel für den Schadensersatz statt der Leistung aufgrund einer erheblichen Rücksichtspflichtverletzung nach § 280 Abs. 1, 3 in Verbindung mit § 282 BGB: Der Reinigungsdienstleister, der die Büroräume reinigt, hat auch den Tresor geknackt und sämtliches Bargeld mitgehen lassen. Der Gläubiger beauftragt darauf hin, ein Konkurrenzunternehmen damit die Büroräume bis zum Ende der Vertragslaufzeit zu reinigen. Da dieses teurer ist, können die Mehrkosten als Schadensersatz statt der Leistung aufgrund erheblicher Rücksichtspflichtverletzung gegenüber dem ursprünglichen Reinigungsdienstleister geltend gemacht werden.

Beim **Schadensersatz statt der Leistung aufgrund Unmöglichkeit** der Leistung kann der Gläubiger nach § 280 Abs. 1, 3 in Verbindung mit § 283 BGB einen Schadensersatz geltend machen. Hierzu sind neben dem Grundtatbestand die folgenden zwei Prüfschritte vorzunehmen:

4. Da § 280 Abs. 3 BGB für den Schadensersatz statt der Leistung bei Unmöglichkeit der Leistung **auf § 283 BGB verweist**, sind dessen Voraussetzungen ebenfalls zu prüfen. Diese sind:

5. die geschuldete **Leistung** kann wegen **Unmöglichkeit** nicht erbracht werden

Beispiel für den Schadensersatz statt der Leistung aufgrund von Unmöglichkeit der Leistung nach § 280 Abs. 1, 3 in Verbindung mit § 283 BGB: Der Käufer kauft sich ein Originalgemälde bei einem Künstler und will es nächste Woche abholen. Zwischenzeitlich kauft er einen teuren Rahmen für das Gemälde. Als er das Bild abholen möchte, stellt er fest, dass dieses bei einem nächtlichen Einbruch zerstört wurde. Da es davon kein zweites Exemplar gibt, kann das geschuldete Gemälde nicht mehr ausgehändigt werden. Der Preis für den – jetzt nutzlosen – Rahmen kann als vergebliche Aufwendung im Rahmen von Schadensersatz statt der Leistung aufgrund von Unmöglichkeit der Leistung gegenüber dem Künstler geltend gemacht werden.

9.3 Verantwortlichkeit beim Schadensersatz

Den Schaden hat nur derjenige zu ersetzen, dem die Ursache des Schadenseintritts zugerechnet werden kann – der also für den Schadenseintritt verantwortlich ist.

Beim vertraglichen Schadensersatz wird nach § 280 Abs. 1 Satz 2 BGB unterstellt, dass der Vertragspartner des Geschädigten verantwortlich ist, solange er sich nicht darauf beruft, dass er für den Schaden nichts konnte.

Wenn er sich auf seine „Unschuld" beruft, so kann ihm das den Schaden begründende Ereignis allerdings noch nach § 276 BGB zugerechnet werden. Nach Abs. 1 Satz 1 der Norm hat der Schuldner sowohl Vorsatz als auch Fahrlässigkeit zu vertreten.

Vorsatz ist demnach dann gegeben, wenn der Schuldner den Schaden mit Wissen und Wollen (also bewusst) herbeigeführt hat.

Fahrlässigkeit liegt nach § 276 Abs. 2 BGB dann vor, wenn der Schuldner die im Verkehr erforderliche Sorgfalt außer Acht gelassen hat. Dies ist dann der Fall, wenn er unachtsam war oder ihm etwas versehentlich passiert ist.

Kann dem Schuldner weder Vorsatz noch Fahrlässigkeit vorgeworfen und nachgewiesen werden, so hat der den Schaden nicht zu vertreten, mithin im Grundsatz keinen Schadensersatz zu leisten.

Hierzu gibt es allerdings eine Ausnahme. Ein Schuldner haftet nach § 278 BGB auch für seinen Erfüllungsgehilfen. Ein **Erfüllungsgehilfe** ist derjenige, der vom Schuldner zur Erfüllung seiner Verbindlichkeiten eingesetzt wird (§ 278 Satz 1 BGB). Verursacht dieser vorsätzlich oder fahrlässig einen Schaden beim Gläubiger, dann hat auch diesen der Schuldner selbst zu ersetzen.

9.4 Art und Umfang des Schadensersatzes

Wird ein Schadensersatzanspruch bejaht, so stellt sich immer noch die Frage nach der Höhe des Anspruchs.

Regelmäßig wird der Schadensersatz seiner Höhe nach durch die Differenzhypothese ermittelt. Hierzu wird die Frage beantwortet, wie würde der Geschädigte dastehen, wenn der Schaden nicht eingetreten wäre und wie steht er jetzt da? Die Differenz aus diesen Werten ergibt die Höhe des Schadensersatzanspruchs.

Generell schreibt das Gesetz den Schadensersatz in Form der Naturalrestitution vor (§ 249 Abs. 1 BGB). Der Schadensersatzpflichtige hat also den Zustand herzustellen, der bestehen würde, wenn das schädigende Ereignis nie eingetreten wäre.

Bei Sachbeschädigung und Verletzung einer Person kann der Geschädigte nach § 249 Abs. 2 Satz 1 BGB den Geldbetrag verlangen, der zur Herstellung des ursprünglichen Zustands nötig ist.

Daneben können aber auch Schäden kompensiert werden, für die die Naturalrestitution nicht möglich ist. Dieser Schadensersatz, bei dem Geld statt der Herstellung des ursprünglichen Zustands gezahlt wird, richtet sich nach § 251 Abs. 1 BGB.

9.5 Weitere Rechte des Gläubigers bei Unmöglichkeit

Die **echte nachträgliche Unmöglichkeit** liegt vor, wenn eine geschuldete Leistung nach § 275 Abs. 1 BGB für jeden unmöglich zu erbringen ist. Die Unmöglichkeit kann dabei darauf beruhen, dass

- der Zweck der Leistung nicht mehr erreicht werden kann.
- der Leistungserbringung Naturgesetze im Wege stehen.
- der Termin eines absoluten Fixgeschäftes verstrichen ist.
- der Leistungserbringung rechtliche Gründe im Wege stehen.

Neben dieser tatsächlichen (oder auch echten) Unmöglichkeit gibt es noch zwei Arten der **unechten Unmöglichkeit**. Bei diesen ist die Leistungserbringung im Grundsatz möglich, jedoch entweder für den Schuldner nicht oder nur mit einem unverhältnismäßig großen Aufwand möglich

(§ 275 Abs. 2 BGB). Dies nennt man die **faktische Un-möglichkeit**. Sie kann ihm aber auch nicht zuzumuten sein (§ 275 Abs. 3 BGB). Dies nennt man die **persönliche/mo-ralische Unmöglichkeit**.

Wie bereits unter Kapitel 9.2 dargestellt, kann der Gläubiger vertraglichen Schadensersatz geltend machen (nach den §§ 280 Abs. 1, 3, in Verbindung mit 283 BGB).

Alternativ kann er auch nach § 284 BGB Aufwendungsersatz geltend machen, wenn die Voraussetzungen für den Schadensersatz vorliegen.

In jedem Fall aber wird der Gläubiger einer unmöglichen Leistung gemäß § 326 Abs. 1 Satz 1 Halbsatz 1 BGB von seiner Leistungspflicht (also der Pflicht zur Erbringung der Gegenleistung) befreit. Hat der Gläubiger die von ihm geschuldete Leistung bereits erbracht, so kann er dies nach § 326 Abs. 4 BGB zurück fordern.

Erlangt der Schuldner, dessen Leistung unmöglich wurde, aufgrund dieser Unmöglichkeit etwas, so hat er dieses erlangte (genannt Surrogat) anstelle der geschuldeten Leistung an den Gläubiger heraus zu geben (§ 285 Abs. 1 BGB). Dies könnte beispielsweise eine Versicherungszahlung für ein vernichtetes Kunstwerk sein.

9.6 Rücktritt

Durch den Rücktritt kann ein gegenseitiger Vertrag vom Zeitpunkt des Rücktritts mit Wirkung für die Zukunft beendet werden. Dies führt dazu, dass die bereits erbrachten Leistungen durch die Vertragspartner an den jeweils anderen heraus zu geben sind (§ 346 Abs. 1 BGB).

Der Rücktritt erfolgt durch Erklärung desjenigen der zurück treten möchte gegenüber seinem Vertragspartner (§ 349 BGB).

Aus Gründen der Rechtssicherheit kann man nicht grundlos von einem Vertrag zurücktreten. Dies ist nur dann möglich, wenn sich die Vertragsparteien dies im Vertrag vorbehalten haben oder wenn die gesetzlichen Rücktrittsvoraussetzungen vorliegen.

Die Voraussetzungen für einen Rücktritt nach § 323 Abs. 1 BGB sind:

- Das Vorliegen eines **gegenseitigen Vertrages** nach § 311 Abs. 1 BGB.

- Eine durch den Vertragspartner **nicht oder nicht wie geschuldet erbrachte Leistung**.

- Die nicht oder nicht wie geschuldet erbrachte Leistung muss auch **fällig** sein im Sinne des § 271 BGB.

- Das erfolglose **Verstreichen einer gesetzten Nachfrist**, soweit diese nicht nach § 323 Abs. 2 BGB ausnahmsweise entbehrlich[2] ist.

- Sofern eine Teilleistung erbracht wurde, darf derjenige, der vom Vertrag zurücktreten möchte, **an der**

---

[2] Das ist der Fall, wenn der Vertragspartner die geschuldete Leistung ernsthaft und endgültig verweigert, die Leistung trotz bekannten Termins nicht rechtzeitig erbracht hat oder wenn besondere Umstände vorliegen, die einen sofortigen Rücktritt rechtfertigen.

Teilleistung kein Interesse haben (§ 323 Abs. 5 Satz 1).

- Ferner ist der Rücktritt nur möglich, wenn der zum Rücktritt **Berechtigte nicht allein oder weit überwiegend dafür verantwortlich** ist, dass die Voraussetzungen für den Rücktritt vorliegen (§ 323 Abs. 6 BGB).

- Der Rücktritt darf auch noch **nicht** nach § 218 Abs. 1 Satz 1 BGB **wegen der Verjährung** des zugrunde liegenden Anspruchs **ausgeschlossen** sein.

Liegen diese Voraussetzungen vor, kann der Vertrag durch Rücktritt einer Vertragspartei einseitig beendet werden.

10 Gesetzliche Herausgabeansprüche und eigentumsrechtliche Ansprüche

In diesem Kapitel werden die Ansprüche, die sich aus dem Eigentumsrecht ergeben, dargestellt. Daneben geht es darum, wie Sachen zurückgefordert werden können, durch die ein anderer ungerechtfertigt bereichert wurde.

10.1 Ungerechtfertigte Bereicherung

Das Bereicherungsrecht dient dem Zweck, rechtsgrundlose Vermögensverschiebungen rück ab zu wickeln. Dies ist beispielsweise dann notwendig, wenn Vertragsparteien Leistungen wechselseitig austauschen, weil sie glauben, dass sie einen wirksamen Vertrag geschlossen haben und dieser beispielsweise durch Anfechtung rückwirkend vernichtet wird oder er beispielsweise formnichtig geschlossen wurde.

Zentralste Anspruchsgrundlage des Bereicherungsrechts ist dabei § 812 Abs. 1 Satz 1 Alternative 1 BGB. Man nennt sie die so genannte Leistungskondiktion.

Aus ihr ergibt sich, dass derjenige, der etwas ohne rechtlichen Grund durch Leistung eines anderen erlangt hat, dem anderen gegenüber die Sache heraus zu geben hat.

Etwas ist dabei definiert als jeder vermögenswerte Vorteil. Hierunter fällt der erlangte Besitz oder das erlangte Eigentum an der Sache.

Der Bereicherte muss dieses etwas **durch Leistung** erlangt haben. Die Leistung ist dabei definiert als jede ziel- und zweckgerichtete Mehrung fremden Vermögens. Somit muss der Entreicherte also die Absicht gehabt haben, den Bereicherten um das etwas besser zu stellen, als er es ihm zukommen ließ.

Abschließend müsste die Bereicherung auch **rechts-grundlos** erfolgt sein. Dies ist – wie bereits erwähnt – der Fall, wenn ein unwirksamer Vertrag erfüllt werden soll, weil die Vertragsparteien nicht wussten, dass der Vertrag nicht wirksam zustande kam.

Ist der Natur der Sache nach die Herausgabe des erlangten nicht mehr möglich, so ist stattdessen nach § 818 Abs. 2 BGB der entsprechende Wert in Geld zu ersetzen.

10.2 Ansprüche aus Eigentum

Die beiden relevantesten Ansprüche, die dem Eigentümer zustehen, sind:

Herausgabeanspruch aus § 985 BGB

Gemäß § 985 BGB kann der Eigentümer gegenüber dem Besitzer der ihm gehörenden Sachen deren Herausgabe verlangen.

Dieser Herausgabeanspruch steht dem Eigentümer allerdings ausnahmsweise dann nicht zu, wenn der Besitzer der
Sache gegenüber dem Eigentümer **zum Besitz berechtigt**
ist. Dies ist nach § 986 Abs. 1 BGB dann der Fall, wenn
zwischen dem Eigentümer und dem Besitzer ein Besitzmittlungsverhältnis besteht. Auf dieses wurde bereits in
Kapitel 7.4 eingegangen.

Beseitigungs- und Unterlassungsanspruch aus § 1004 BGB

Aus § 1004 Abs. 1 Satz 1 BGB hat der Eigentümer gegenüber denjenigen, die ihn in der Ausübung seines Besitzes
stören und beeinträchtigen, ihm diesen entziehen oder vor-
enthalten einen Anspruch darauf, dass diese **Besitzstö-
rung beseitigt** wird. Ist zu erwarten, dass in Zukunft weitere Besitzstörungen und -beeinträchtigung erfolgen werden, so kann nach § 1004 Abs. 1 Satz 2 BGB der Eigentümer hiergegen präventiv einen **Unterlassungsanspruch**
geltend machen.

Nach § 1004 Abs. 2 BGB bestehen weder der Beseitigungs- noch der Unterlassungsanspruch, wenn der Eigentümer **zur Duldung der Beeinträchtigung verpflichtet** ist. Beispielsweise, weil er mit demjenigen, der die Beeinträchtigung verursacht, eine entsprechende Vereinbarung geschlossen hat.

11 Schadensersatz aus unerlaubter Handlung

Neben dem oben genannten und in Kapitel 9.2 dargestellten vertraglichen Schadensersatz gibt es als weitere wichtige Schadensersatzgrundlage die aus unerlaubter Handlung (einem so genannten Delikt). Die beiden zentralen Normen der §§ 823 Abs. 1, 831 BGB werden in diesem Kapitel dargestellt.

11.1 Grundtatbestand

Nach § 823 Abs. 1 BGB schuldet derjenige, der einen anderen an Leben, Körper, Gesundheit, Freiheit, Eigentum oder einem sonstigen Recht vorsätzlich oder fahrlässig widerrechtlich verletzt, dem Geschädigten Schadensersatz. Bezüglich der genannten Rechtsgüter liegt eine Beeinträchtigung vor, wenn:

- **Leben:** der Tod des Geschädigten herbeigeführt wurde

- **Körper:** ein äußerer Eingriff gegenüber dem Geschädigten erfolgte

- **Gesundheit:** das Wohlbefinden des Geschädigten gestört wurde

- **Freiheit:** die Bewegungsfreiheit des Geschädigten körperlich beeinträchtigt wurde

- **Eigentum:** das Eigentum des Geschädigten in irgendeiner Weise gestört wurde

- **Sonstiges Recht:** wenn ein anderes absolutes Recht beeinträchtigt ist (dies können beispielsweise sein: Persönlichkeitsrecht, Besitz etc.)

Ist eines dieser Rechtsgüter beeinträchtigt, ist zu prüfen, ob es eine **Verletzungshandlung** durch den möglicherweise Schadensersatzpflichtigen gibt.

Hierfür kommen in Betracht sein aktives Tun oder sein pflichtwidriges passives Unterlassen.

Aktives Tun: wurde ein Rechtsgut dadurch verletzt, dass der Schädiger ein willensgesteuertes Verhalten an den Tag legte, so hat er die Verletzung durch aktives Tun herbeigeführt.

Pflichtwidriges passives Unterlassen: wurde ein Rechtsgut verletzt, weil der Schädiger nichts getan hat, obwohl er (beispielsweise aufgrund einer Garantenstellung) hätte Maßnahmen ergreifen müssen, so liegt eine Verletzung durch pflichtwidriges passives Unterlassen vor.

Weiter muss diese Verletzungshandlung auch ursächlich für die Rechtsgutverletzung gewesen sein. Dies wird als **haftungsbegründende Kausalität** bezeichnet. Diese ist dann gegeben, wenn ohne die Verletzungshandlung des Schädigers die Rechtsgutverletzung nicht eingetreten wäre.

Ein Schaden ist allerdings nur dann zu ersetzen, wenn ein Delikt begangen wurde, sprich die Rechtsgutverletzung widerrechtlich erfolgte.

Die **Widerrechtlichkeit** ist dann gegeben, wenn es für die Verletzungshandlung keinen Rechtfertigungsgrund gibt.

Als solche kommen in Betracht:
- Einwilligung des Geschädigten
- Notwehr nach § 227 BGB
- Notstand nach § 228 BGB
- Selbsthilfe nach §§ 229 ff. BGB

Wenn kein Rechtfertigungsgrund vorliegt, so muss der Schädiger den entstandenen Schaden ersetzen, wenn er diesen **zu vertreten** hat. Dies ist der Fall, wenn er den Schaden entweder vorsätzlich oder fahrlässig herbeigeführt hat. (vergleiche hierzu Kapitel 9.3)

11.2 Haftung des Geschäftsherrn (Verrichtungsgehilfe)

Neben dem Grundsatz nach § 823 Abs. 1 BGB, der besagt, dass jeder nur für die eigenen Delikte verantwortlich ist, gibt es noch Normen, die ausnahmsweise nicht denjenigen haften lassen, der ein Delikt begeht, sondern einen Dritten.

Eine der relevanteren dieser Normen ist § 831 Abs. 1 BGB, der einen Geschäftsherrn dazu verpflichtet, die durch Delikte seines Verrichtungsgehilfen entstandenen Schäden zu ersetzen.

Die Voraussetzungen hierfür sind:

1. ein **weisungsgebundener Verrichtungsgehilfe**: Ein solcher liegt dann vor, wenn er vom Geschäftsherrn zur Ausführung von dessen Verrichtungen bestellt wird und er dabei dessen Weisungen unterworfen ist.

2. der **objektive Tatbestand einer unerlaubten Handlung**: Dieser liegt dann vor, wenn der Verrichtungsgehilfe – wie in Kapitel 11.1 dargestellt – ein Delikt mit Schadensfolge begangen hat.

3. **Widerrechtlichkeit** der Handlung: Auch hier ist – wie in Kapitel 11.1 dargestellt – zu prüfen, ob der Verrichtungsgehilfe einen Rechtfertigungsgrund für seine Handlung vorbringen kann.

4. dass der **Schaden bei Ausführung der Verrichtung** zugefügt wurde: Wichtig ist, dass der Geschäftsherr nur für Schäden haftet, die entstanden, während der Verrichtungsgehilfe die Verrichtungen ausführte. Wenn er nach Feierabend oder in den Pausen Schäden verursacht, ist dies nicht mehr dem Geschäftsherrn zuzurechnen.

5. **kein Entlastungsbeweis** erbracht wird: Der Geschäftsherr haftet ausnahmsweise dann nicht für seinen Verrichtungsgehilfen, wenn er nachweisen kann, dass er bei dessen Auswahl und Bestellung die im Verkehr erforderliche Sorgfalt beachtet hat, mithin also nicht erkennen konnte, dass der Verrichtungsgehilfe unsorgfältig ist oder arbeitet.

11.3 Deliktsfähigkeit und Haftung der Eltern

Die Frage der **Deliktsfähigkeit** klärt, ob der Schädigende überhaupt verantwortlich sein kann für seine unerlaubten Handlungen.

Nach § 828 Abs. 1 BGB sind Minderjährige, die das 7. Lebensjahr noch nicht vollendet haben **deliktsunfähig** und folglich nicht für die von ihnen begangenen Delikte haftbar zu machen.

Wer mindestens sieben Jahre alt aber noch minderjährig ist, ist für die durch ihn begangenen Delikte nur verantwortlich, wenn er bei der Begehung derselben die für die Verantwortlichkeit erforderliche Einsicht besitzt (§ 828 Abs. 3 BGB). Diese Minderjährigen sind **beschränkt deliktsfähig**.

Daraus ergibt sich, dass der Volljährige (nach § 2 BGB ist das, wer das 18. Lebensjahr vollendet hat) **voll deliktsfähig** ist und daher für seine begangenen Delikte selbst geradestehen muss.

Bei den deliktsunfähigen und beschränkt deliktsfähigen Minderjährigen haften deren Eltern, sofern sie die Aufsichtspflicht verletzt haben und dadurch der Schaden aufgrund eines begangenen Delikts entstanden ist (§ 832 Abs. 1 BGB).

11.4 Art und Umfang des Schadensersatzes ohne Sonderregelungen bei unerlaubter Handlung

Bei begangenen Delikten haftet der Schadensersatzverpflichtete für alle Schäden, die die haftungsausfüllende Kausalität bejaht wird.

Unter der haftungsausfüllenden Kausalität versteht man, dass die vorliegenden Schäden, die ersetzt werden sollen, durch die Rechtsgutverletzungen verursacht sind.

Für die Abwicklung und Erstattung dieser deliktischen Schäden gilt dann das bereits unter Kapitel 9.4 dargestellte.

12 Fristen und Verjährung

Dieses Kapitel widmet sich der Frage, was es mit dem Rechtsinstrument der Verjährung auf sich hat. Daneben wird erläutert, wie Fristen berechnet werde.

12.1 Grundsatz und Rechtsidee der Verjährung

§ 194 Abs. 1 BGB besagt, dass generell alle **Ansprüche** (also das Recht, ein Tun, Dulden oder Unterlassen von einem anderen verlangen zu können) der Verjährung unterliegen.

Aus dieser Formulierung ergibt sich, dass **Gestaltungsrechte**, wie etwa das der Kaufpreisminderung, der Anfechtung oder des Rücktritts nicht der Verjährung unterliegen.

Die Verjährung dient als **Einrede** des Schuldners dazu, den Rechtsfrieden zu gewährleisten. So kann der Schuldner nach Ablauf der jeweiligen Verjährungsfrist die von ihm geschuldete Leistung rechtmäßig verweigern.

12.2 Regelmäßige Verjährung ohne Höchstfristen

Soweit nicht Sonderregelungen greifen, verjähren Ansprüche nach der **regelmäßigen Verjährungsfrist** von **drei Jahren** (§ 195 BGB).

Diese Verjährungsfrist gilt generell für alle vertraglichen (zum Beispiel Übereignungsanspruch aus Kaufvertrag nach § 433 Abs. 1 Satz 1 BGB) sowie gesetzlichen (zum Beispiel Schmerzensgeld wegen Körperverletzung nach § 823 Abs. 1 BGB) Ansprüche.

Der Beginn der regelmäßigen dreijährigen Verjährungsfrist ist nach § 199 Abs. 1 BGB der Schluss des Jahres, in dem der Anspruch entstanden ist (so die Nr. 1) und der

Gläubiger des Anspruchs hiervon Kenntnis erlangt hat oder hätte erlangen müssen (so die Nr. 2).

Diese erfordert sowohl ein objektives Ereignis als auch ein subjektives Element.

- **Objektives Ereignis:** Ein Anspruch ist dann entstanden, wenn er klageweise geltend gemacht werden kann, weil die geschuldete Leistung fällig ist.

- **Subjektives Element:** Der Gläubiger hat Kenntnis, wenn er den Rechtssachverhalt, der zur Entstehung des Anspruchs führt, sowie den Schuldner (mit Name und Anschrift) kennt. Der Kenntnis gleichgestellt ist es, wenn der Gläubiger grob fahrlässig in Unkenntnis geblieben ist.

Sind diese beiden Voraussetzungen gegeben, so beginnt am 31.12. des entsprechenden Jahres um 24:00 Uhr die Verjährungsfrist zu laufen und endet drei Jahre später mit Ablauf des 31.12. 24:00 Uhr.

12.3 Sonderregelungen

Für bestimmte Ansprüche gelten abweichend von § 195 BGB auch andere Verjährungsfristen. So zum Beispiel:

10-jährige Verjährungsfrist:

Für Rechte nach § 196 BGB gilt eine Verjährungsfrist von **zehn Jahren**. Hiervon betroffen sind die Ansprüche auf:

- Übertragung des Eigentums an einem Grundstück
- Begründung eines Rechts an einem Grundstück
- Übertragung eines Rechts an einem Grundstück
- Aufhebung eines Rechts an einem Grundstück
- Änderung des Inhalts eines Rechts an einem Grundstück
- Gegenleistungen zu einem Recht an einem Grundstück

Nach § 200 Satz 1 BGB beginnt in diesen Fällen die Verjährungsfrist mit der Entstehung des Anspruchs. Die Frist beginnt also auch unterjährig (nicht wie die regelmäßige

Verjährungsfrist erst am Jahresende). Sie wird daher Tag genau berechnet.

30-jährige Verjährungsfrist:

Titulierte Ansprüche sind solche, über die ein rechtskräftiges (Gerichts-)Urteil vorliegt. Für in einem Gerichtsurteil festgestellte Ansprüche gilt dann nach § 197 Abs. 1 Nr. 3 BGB eine Verjährungsfrist von 30 Jahren.

Die Frist beginnt gemäß § 201 Satz 1 BGB mit dem Eintreten der Rechtskraft der Gerichtsentscheidung (also des Urteils). Auch hier kann die Frist unterjährig beginnen und enden, weshalb auch sie Tag genau berechnet wird.

Die **Verjährungsfrist von 30 Jahren** gilt daneben auch noch für:

- **Schadensersatzansprüche** aus **vorsätzlicher Verletzung** des Lebens, des Körpers, der Gesundheit, der Freiheit oder der sexuellen Selbstbestimmung
- **Herausgabeansprüche aus Eigentum**

- Ansprüche aus **vollstreckbaren Vergleichen und Urteilen**

- Ansprüche, die vollstreckbar wurden **durch die im Insolvenzverfahren erfolgte Feststellung**

- Ansprüche auf **Kostenerstattung der Zwangsvollstreckung**.

__Für Mängelansprüche aus dem Kauvertragsrecht:__

Verjährungsfristen aus Mängelansprüchen im Kaufvertragsrecht werden durch § 438 BGB normiert. Betroffen sind die Rechte des Käufers nach § 437 Nr. 1 und Nr. 3 BGB. Nr. 2 ist als Gestaltungsrecht hiervon nicht direkt betroffen.

Mängelansprüche aus dem Kaufvertragsrecht verjähren regelmäßig in **zwei Jahren** (§ 438 Abs. 1 Nr. 3 BGB). Ist der Kaufvertragsgegenstand ein Bauwerk oder eine üblicherweise für ein Bauwerk verwendete Sache, so gilt eine Verjährungsfrist von fünf Jahren (§ 438 Abs. 1 Nr. 2 BGB).

Die Frist beginnt jeweils mit Ablieferung der Sache, beziehungsweise mit der Übergabe des Grundstücks, so § 438 Abs. 2 BGB.

Wenn der Verkäufer den Mangel gegenüber dem Käufer arglistig verschwiegen hat, gilt die regelmäßige (dreijährige) Verjährungsfrist des § 195 BGB nach § 438 Abs. 3 Satz 1 BGB. In diesem Fall richtet sich der Beginn der Verjährungsfrist nach § 199 Abs. 1 BGB.

12.4 Wirkung der Verjährung

Wenn eine Verjährung eingetreten ist, so kann der Schuldner die **geschuldete Leistung verweigern** (§ 214 Abs. 1 BGB). Leistet der Schuldner allerdings trotz eingetretener Verjährung, so kann er das Geleistete nicht zurückfordern, da der **Anspruch** auf die Leistung selbst **weiter bestehen** bleibt und lediglich **nicht mehr durchsetzbar** ist (§ 214 Abs. 2 BGB). Dies ergibt sich daraus, dass die Verjährung eine so genannte Einrede ist. Sie wird also nur berücksichtigt, wenn der Schuldner, der durch sie profitiert, sich auf sie beruft.

12.5 Fristberechnung

Es gibt zwei Arten von Fristen. Die:

- **Ereignisfrist:** Hierbei wird ein Tag, in den ein Ereignis (welches für den Fristbeginn maßgebend ist) fällt, nicht mitgerechnet (§ 187 Abs. 1 BGB). Fristbeginn ist dann der Folgetag um 00:00 Uhr. Fristende ist um 24:00 Uhr des Tages, an welchem die Frist enden soll (Tagesfrist) oder der dem Tag des Ereignistages in der Benennung entspricht (Wochenfrist) oder der der Zahl des Ereignistages entspricht (Monatsfrist), § 188 Abs. 2 BGB.

Beispiel: Verletzt heute jemand einen anderen vorsätzlich an Körper und Gesundheit, so stellt diese Rechtsgutverletzung ein Ereignis dar, das für den Fristbeginn maßgeblich ist. Dies führt dazu, dass die 30-jährige Verjährungsfrist nach § 197 Abs. 1 Nr. 1

BGB morgen um 00:00 Uhr zu laufen beginnt. Sie endet demnach heute in 30 Jahren um 24:00 Uhr.

- **Ablauffrist:** Bei der Ablauffrist, wird der Tag für den Fristbeginn mitgezählt (§ 187 Abs. 2 Satz 1 BGB), weil er für den Fristbeginn maßgebend war. Gleiches gilt nach § 187 Abs. 2 Satz 2 BGB für den Geburtstag bei der Errechnung des Lebensalters. Fristende ist dann immer der Tag, der dem Tag des Fristbeginns voran geht, durch seine Benennung oder Zahl entspricht (§ 188 Abs. 2 Alt. 2 BGB). So endet ein Lebensjahr immer am Tag vor dem Geburtstag um 24:00 Uhr.

Nach § 189 Abs. 1 BGB gilt, für die Fristberechnung:
- Ein halbes Jahr entspricht sechs Monaten
- Ein Vierteljahr entspricht drei Monaten
- Ein halber Monat entspricht 15 Tagen

Nach § 192 BGB ist der Anfang des Monats der jeweils erste Tag, die Mitte des Monats jeweils der 15. Tag des

Monats und das Monatsende jeweils der letzte Tag des Monats.

Gemäß § 193 BGB endet eine Frist nicht an einem Samstag, Sonntag oder Feiertag. Fällt das errechnete Fristende auf einen dieser Tage, so verlängert sich die Frist bis zum nächsten Werktag.

12.6 Lösung bei Gestaltungsrechten (Rücktritt und Minderung)

Wie bereits unter 12.1 festgestellt und durch § 194 Abs. 1 BGB geregelt, unterliegen nur Ansprüche der Verjährung.

Rücktritt und Minderung (beispielsweise bei einem Kaufvertrag, der mit mangelhafter Sache erfüllt wurde) sind als Gestaltungsrechte von der Verjährung ausgenommen.

Diese Rechte können aber dennoch nicht in alle Ewigkeit genutzt werden.

Für den Rücktritt gilt, dass dieser nach § 218 Abs. 1 Satz 1 BGB ausgeschlossen ist, wenn der zugrunde liegende Leistungs- oder Nacherfüllungsanspruch bereits verjährt ist.

Gemäß § 438 Abs. 5 BGB gilt das gleiche auch für das Minderungsrecht.

12.7 Hinweis auf Hemmung und Neubeginn

Verjährungsfristen können unter Umständen gehemmt (also für eine bestimmte Zeit unterbrochen) werden oder neu zu laufen beginnen.

Der **Neubeginn** tritt nach § 212 Abs. 1 Nr. 1 BGB ein, wenn der Schuldner gegenüber dem Gläubiger ein Anerkenntnis über das Bestehen des Anspruchs abgibt, indem er auf den Anspruch eine Zins-, Abschlagszahlung, eine Sicherheitsleistung oder ähnliches leistet. Nach Nr. 2 beginnt die Frist ebenfalls neu zu laufen, wenn gerichtliche oder behördliche Vollstreckungshandlungen vorgenommen oder beantragt werden.

Durch den Neubeginn muss die komplette Verjährungsfrist nach den §§ 195 – 197 neu durchlaufen werden.

Die **Hemmung** unterbricht die laufende Verjährungsfrist (§ 209 BGB). Sie führt dazu, dass die Verjährungsfrist nicht am Stück abläuft, sondern in zwei Zeiträume (vor und nach der Hemmung) gesplittet wird. Die Hemmung sorgt also dafür, dass das Ende der Verjährung um die Dauer der Hemmung nach hinten verschoben wird.

Die Gründe für eine Hemmung der Verjährung finden sich in den §§ 203 – 208 BGB. Kurz dargestellt sind dies:

- Verhandlung über das Bestehen des Anspruchs zwischen Gläubiger und Schuldner
- Rechtsverfolgung zur Feststellung des Bestehens des Anspruches

- Temporäre Leistungsverweigerungsrechte des Schuldners, welche sich aus einer Vereinbarung zwischen ihm und dem Gläubiger ergeben
- Höhere Gewalt, die die Rechtsverfolgung behindert
- Bestehende Ehe oder Beistandschaft
- Nicht vollendetes 21. Lebensjahr bei Verletzung der sexuellen Selbstbestimmung

13 Schlussbetrachtung

Herzlichen Glückwunsch.

Sie haben es geschafft, sich auf dem Weg durch dieses Buch einen grundlegen Einstieg in das bürgerliche Recht zu erarbeiten.

Ihnen sind nun der Aufbau des BGB sowie dessen zentrale Begrifflichkeiten geläufig. Sie wissen, wie Verträge geschlossen und erfüllt werden sowie auch, welche Gründe es dafür geben kann, dass ein geschlossener Vertrag nichtig ist.

Daneben kennen Sie die relevantesten Vertragsarten.

Sie können erläutern, was der Unterschied zwischen Besitz und Eigentum ist und wie diese jeweils erlangt werden.

Auch die Rechte, die sich aus Leistungsstörungen ergeben kennen Sie nun und sind bei Bedarf in der Lage, diese für sich selbst in Anspruch zu nehmen.

Auch die Berechnung von Fristen sowie die Geltendmachung der Verjährung bereiten Ihnen nun keine Probleme mehr.

Ich wünsche Ihnen bei der Anwendung dieses Wissens in Beruf und Alltag viel Freude und Erfolg und Lade Sie an dieser Stelle dazu ein, die Fragestellungen, welche Sie noch vertiefend interessieren, nach diesem Grundlagenwerk weiter zu studieren.

Literatur- und Quellenverzeichnis

Klunzinger, Eugen: Einführung in das Bürgerliche Recht

Sklarzik, Rüdiger: Bürgerliches Recht

Wörlen, Rainer: Lernen im Dialog (BGB AT, Schuldrecht, Sachenrecht)

Raum für Notizen